作者介绍

胡丹，字玄意，北京大学中国卫生发展研究中心副研究员，北京大学高等人文研究院访问学者。美国杜克大学、北京大学卫生管理博士后，管理学博士，医院管理硕士，医学学士。研究方向：管理哲学、医院管理、卫生人力。

现担任九三学社中央医药专委会委员、欧美同学会会员、中国医院人力资源管理专家委员会委员、中华预防医学会社会医学分会委员、中国标准化协会卫生健康专业委员会委员、国家《继续医学教育培训指南》编写专家组成员、全国卫生职业教育教学指导委员会委员、全国卫生职业教育教学指导委员会临床医学类专业教学指导委员会委员、比利时鲁汶大学医疗技术创新中国中心特聘顾问、法国法中传统医学协会会长。

生于中医世家，幼承庭训，受优秀传统文化熏陶而成长，曾在法国、菲律宾、美国、比利时留学深造十余年，秉持"仁爱天下、丹心照人"理念，在读书、写书、教书之余热心文化公益事业。世上苍生架上书，念兹在兹，致力于成就善良、智慧、博学、普爱的自己。

道德经解意

Le Daode Jing de Laozi: traduction et commentaire
Laozi's Daode Jing: translation and commentary

胡 丹 / 著

图书在版编目（CIP）数据

道德经解意 / 胡丹著 . -- 北京：华夏出版社有限公司，2025. -- ISBN 978-7-5222-0843-5

Ⅰ．B223.15

中国国家版本馆CIP数据核字第2024KS1557号

道德经解意

著　　者　胡　丹
责任编辑　黄　欣
责任印制　周　然

出版发行　华夏出版社有限公司
经　　销　新华书店
印　　装　河北宝昌佳彩印刷有限公司
版　　次　2025年3月北京第1版
　　　　　2025年3月北京第1次印刷
开　　本　720mm×1030mm　1/16开
印　　张　22.5
字　　数　336千字
定　　价　118.00元

华夏出版社有限公司　地址：北京市东直门外香河园北里4号　邮编：100028
　　　　　　　　　　网址：www.hxph.com.cn　电话：（010）64618981
若发现本版图书有印装质量问题，请与我社营销中心联系调换。

推荐序一

时代之交

在我漫长的学术生涯中，我有幸见证了众多学者的成长，胡丹博士无疑是一颗闪亮的新星。她的人文情怀、学术成就，以及她在传播中华优秀传统文化，尤其是道家哲学方面的贡献，都让我深感自豪。我很荣幸以导师和朋友的身份，为胡丹博士的著作《道德经解意》撰写这篇序言。

我与胡丹交往已有十余年，她是一位世间少见的福慧双修的女子，出生于江西九江的中医世家，自幼浸润在中医文化之中，秉承"仁爱天下，丹心照人"的祖训，早早继承了中华优秀传统文化的天赋美德。她的学术之路，始于对中医经典的深入研习，后在法国深造，获得硕士和博士学位，在北京大学和美国杜克大学完成博士后研究工作，之后到北大任教。她精通法语和英语，在各国留学期间就开始将中国文化带向世界。胡丹在北京大学医学部工作，长期推动医学教育的发展，也在为道家哲学的传播和实践建构新的平台。

天赐良缘，她成为我的弟子，我亦尽毕生所学悉心传授，拓宽她的学术视野，加深研究深度。在我的帮助下，她的学术造诣不断提升，研究得到进一步拓展和深化。同时，她对我的丹道学术传播发挥了很大的作用。她参与我的很多学术活动，帮助我整理书稿文字和图片资料，协助我修订460万字的《中华道教大辞典》，将《丹道法诀十二讲》《道学通论》的部分章节翻译成英语和法语，在东西方学术界推广我的学术思想。她的工作不仅让世界更好地理解中国道家哲学，也为中西文化交流搭建坚实的桥梁。

胡丹的学术研究和实践活动，体现了她深厚的道德修养和智慧。她不仅是天选的载道之器，更是善于传道授业解惑的学者。她的著作《道德经解意》便是最好的例子，她在此书中将《道德经》的深奥哲理与内丹修炼理论相结合，为当代人提供了一种新的修炼方法和理论框架。

在《道德经解意》中，胡丹强调道德修养在内丹修炼中的重要性，认为修炼不仅是身体上的净化，更是心灵和道德上的提升。她的这一观点，继承发扬我多年来的学术主张。她将道家哲学理论与内丹修炼实践相结合，使之更加贴近现代人的修炼需求和理解方式，这在学术上是一项重要创新。

在我多年的研究和探索中，道家哲学的精髓始终是我不懈追求的学术高地。我在《丹道法诀十二讲》中，曾详细阐述丹道修炼的十二个核心法诀，这些法诀是丹道修炼的基石，更是理解道家哲学的关键。胡丹在《道德经解意》中，将这些法诀与《道德经》的哲学思想相融合，为读者提供了一个新颖的视角。通过对《道德经》的深入解读，她揭示了丹道修炼的深层含义，使得这部古典文献的现代价值得以从新的视角被认识和发掘。

《道学通论》则是我对道家哲学的全面论述，涵盖了道家的历史、流派、经典和实践方法。在《道德经解意》中，胡丹借鉴了《道学通论》中的许多理论和观点，进一步深化对道家哲学的理解，通过对《道德经》的现代诠释，使道家哲学的普遍性和实践性得到了充分的展现。

《道德经解意》的撰写，是胡丹对古代内丹学的吸收和转化出来的成果，特别是在她强调的意丹方面。她不仅继承了古代内丹学的理论精髓，还将其与现代社会的实际需求相结合，推动了内丹学的发展和转化。在这部作品中，她强调了理论与实践的结合，通过内丹修炼的实践来体验和理解《道德经》的哲学思想。她认为内丹学不仅是对生命力的修炼，也是对心性、道德的修炼，这一点体现了《道德经》中关于生命修炼和理想人格的思想，即性命双修的概念。

《道德经解意》吸收了《道德经》中的辩证法思想，如对立统一、质量互变、否定之否定等，并将这些思想应用于内丹修炼的理解中，形成了顺逆观、颠倒观等内丹修炼理论，对奇经八脉的理论进行了深化和发展。特别是在内丹修炼实践中对奇经八脉的运用，如任督二脉的调节和真气运行，这在内丹学中占有重要地位。胡丹强调内在体验的重要性，即通过内在的观察和体验来理解《道德经》的深奥哲理，这一点在意丹学的修炼中表现得尤为明显。

内丹学作为中国传统文化的重要组成部分，今天需要从国际化的角度加以发展。《道德经解意》的"解意"部分对传统内丹学有所发展，其传播可以从以下几个方面进行考量。随着全球化的不断深入，内丹学可以通过国际学术会议、文化节、工作坊等形式，推动文化交流，向世界各地传播。这不仅有助于提升内丹学的国际影响力，也能促进不同文化之间的相互理解和尊重。内丹学研究者可以与国际上的研究机构和学者进行合作，共同开展研究项目。通过国际合作，不仅可以拓宽研究视野，还可以促进内丹学理论与现代科学的结合和创新。

在国际教育领域，应该开设内丹学相关课程，培养对内丹学感兴趣的国际学生。同时，也可以通过在线教育平台，使内丹学的学习资源全球化，让更多人能够接触和学习内丹学。推动内丹学国际化的一个重要方面是建立国际认可的标准和规范，这包括内丹学的教学标准、实践方法、研究准则等，以便国际间的比较和交流。内丹学的国际化传播有助于推动全球对古典文明的兴趣和研究，促进古典文明的复兴。通过内丹学的传播，可以使更多人了解和欣赏古代智慧，从而促进全球文化多样性的发展。内丹学中包含的和谐、平衡等理念，可以为解决当今世界面临危机的环境、健康、社会等问题提供思考路径和解决方案。通过国际化的推广，可以使这些理念得到更广泛的应用。

随着数字化、网络化的发展，内丹学也可以利用数字技术进行传播和教学，如建立虚拟的内丹学博物馆、在线图书馆等，使内丹学资源更加易于获取和分享。通过这些方式，内丹学的国际化不仅能够促进文化的交流和理解，还能够为全球的文化多样性和古典文明的复兴做出贡献。

《道德经解意》的英译和法译内容，不仅对中法文化交流有帮助，也对欧洲乃至全世界的文化交流和古典文明的复兴具有重要意义。国际传播有助于增进不同文化背景的人们对中国哲学和道家思想的理解，促进跨文化的理解和尊重，进而推动全球文化的和谐共生。在现代社会面临诸多挑战的背景下，古典文明中的智慧和思想可以提供解决问题的新思路，促进全球文化多样性的发展。

胡丹用外文对《道德经》加以翻译和诠释，不仅是对古老智慧的传递，更是对中国优秀传统文化全球化传播的有力推动。通过法译和英译，西方读者得以深入了解道家思想的核心理念，如"无为而治""圣人无常心，以百姓心为心"等，这些思想在当今社会中仍然具有重要现实意义。国际传播有助于增进不同文化背景的人对中国哲学和道家思想的理解。道家思想强调的和谐、自然与内省，能够为现代人提供一种新的生活方式和思维方式，帮助人们在快节奏的生活中找回内心的平静、和平与安宁。

《道德经解意》不仅有助于读者领悟深邃的道家思想，还能让读者体会到其对人类共同价值观的贡献，促进跨文化的理解和尊重。在现代社会面临诸多挑战的背景下，古典文明中的智慧和思想可以提供解决问题的新思路。比如，面对环境危机、社会不平等和心理健康问题，道家提倡的顺应自然、内心平和的生活方式，能够为当代人提供重要的启示。这种智慧不仅适用于个人的修身养性，也为社会的可持续发展提供了理论支持。

此外，《道德经解意》还可以促进全球文化多样性的发展。通过将中国传统文化与西方文化进行对比，读者能够更好地理解各自文化的独特性与共通性。这种文化的交融与碰撞，不仅丰富了全球文化的内涵，也为人类的共同未来提供了更多的可能性。因此，《道德经解意》的英译和法译内容，不仅是对中国优秀传统文化的传播，更是对全球文化交流与古典文明复兴的重要贡献。通过这些内容，中国古老的智慧得以在西方社会中焕发新的光彩，促进了不同文化之间的理解与尊重，为全球文化的和谐共生奠定了基础。

通过《道德经解意》，胡丹从一个对道家文化充满热情的学者，成长蜕变为一个能够沟通中西哲学思想的哲人和思想家。我相信对《道德经》和丹学感兴趣的读者，都像我一样对胡丹博士的工作充满感激并深表敬意。她的工作不仅为我们提供了一种新的理解老子哲学的方式，而且为我们的生活带来了深刻的启示。我长期推动"新道学"，《道德经解意》可谓"新道学之丹"，期待此书能够成为连接过去与未来、东方与西方的桥梁，让老子的智慧之光照亮世界每一个角落。

中国社会科学院哲学研究所　胡孚琛
2024 年 11 月 27 日于北京家中

推荐序二

明"丹学"之意

这些年来,我完成了"明意"系列著作,书中多处提到"意丹"一说,而胡丹博士与"丹"似有先天关联,她的近著《道德经解意》从丹的角度明"解"《道德经》之"意",可谓别开生面,多有新意。她曾在笛卡尔提出"我思故我在"的法国普瓦捷大学求学,她回国多年的所"思"凝聚成为这部"解意",承载了她多年跨文化的深思,还有在燕园工作的沉思,正如笛卡尔因"思"而成其哲学之"丹",《道德经解意》是胡丹博士思索之"丹"凝聚成型的开始。

胡丹博士的专业是卫生管理,她在北京大学中国卫生发展研究中心从事科研教学工作,是第十五届九三学社中央医药专委会委员、北京市医药专委会委员。她在卫生管理方面已蔚然成家,常在全国和世界各地飞来飞去,为推动医疗卫生事业发展进程尽心竭力。她有丰富的跨文化学习经历,先在法国获得管理学硕士和哲学博士,之后在美国杜克大学和北京大学完成博士后研究工作。她不仅研究医学教育和医院管理方向,最为难得的是,她从小受益于中华优秀传统文化,尤其在传统医学和道家道教方面浸润深厚,多年来,深得胡孚琛先生的赏识,在传统丹道研究方面多有心得,如今《道德经解意》初成,乐为之序。

胡丹博士出生于中医世家,自幼浸润在中西医结合的氛围之中,家人秉持"仁爱天下,丹心照人"的祖训,她既深研医学,又沉心于传统文化,可谓继承祖传"丹"意,成性存存,努力继承而有所发挥。她早年受益于父亲丰富的藏书,饱览中医经史典籍,从而对传统中医哲学、道教道医情有独钟。2012年,她成为胡孚琛先生的弟子，从此潜心系统研习道家思想文化典籍。多年来，在胡先生指导下，她参与修订《中华道教大辞典》，并着手将《丹道法诀十二讲》部分内容翻译成法语，推介到国际学界。

胡丹一直致力于中国和法国在医疗健康领域的交流与合作，她留学期间曾在法国成立中医协会，开创法国公立医院开设中医科室的先例。她在法国积极调研、宣传和推广中医和中药，促进中华优秀传统文化的世界化，曾受到法国驻华卫生参赞的高度评价。她在杜克大学从事博士后研究期间，曾随访调研美国宗教神职人员的职业状况。法国汉学素以道教研究著称，胡丹熟悉法国道教研究界，曾拜访法国道教协会会长景秀道长，并在线上给法国中医医生做道教丹道理论和实证修养初步体系内容的培训。

胡丹以继承和发展胡孚琛先生新道学思想体系为己任，多年来响应胡先生建立"道学塾"的号召，在具体组织工作方面做了不少推动。她在传统道学领域，尤其是《道德经》研究方面进行深入研究，并致力于理解和发挥胡孚琛先生的新道学思想，努力推动新道学的学术发展，尤其是在教育领域传承胡孚琛先生的学术思想，培养新一代道学研究者，通过教学活动将新道学思想传播给社会大众。胡丹参与和组织过多场与道学相关的文化活动，带领大家阅读《丹道法诀十二讲》，并参与《中国丹道·胡孚琛》纪录电影的开机仪式，通过这些活动推广新道学文化，扩大其影响力。她参与了胡孚琛先生学术成果的整理和出版工作，促进相关学术资源的保存和传承。胡丹不仅在理论上继承胡孚琛先生的新道学思想，还将其应用于实际生活中，如在健康管理、心理调适等实践活动中。通过这些方式，胡丹博士不仅继承了胡孚琛先生的学术思想，还将其发扬光大，为新道学的发展做出了重要贡献。胡丹与胡孚琛先生一同倡议并推动了全国老子道学文化研究会的成立，为新道学的发展提供重要的学术组织支持。通过这些活动，胡丹推动了胡孚琛先生新道学思想的发展，为道学文化的传播和推广做出了贡献。

作为中国古典哲学的重要著作，《道德经》在欧洲的传播最早就是从法语译本开始的，这种翻译过程，促进了中欧文化的交流与理解，向西方展示了中国哲学的深刻内涵，也为欧洲文化带来了新的哲学资源和思考方式。《道德经解意》

将《道德经》原文译成法语，译文体现了道家思想与法国哲学的融合，尤其是老子思想与存在主义和后现代主义思想的对话。译文对法国哲学思想的吸收可能会丰富法国哲学的多元性，其法语译文无疑为《道德经》在法语世界的传播和理解提供了新的参考。通过对老子思想的现代诠释，为法语读者提供了自然和谐、无为而治的道家哲学视角，可推动与法国启蒙思想中的自由、平等理念的对话。

通过对《道德经》的现代解读，《道德经解意》展示了古典哲学思想在当代社会中的应用和转化，为现代哲学文化发展提供了新的思想动力。《道德经解意》的国际传播有助于不同文化背景的人理解中国哲学和道家思想，增进跨文化的理解和尊重，促进文明互鉴和全球文化和谐共生，有助于对古典文明价值进行重新认识和评价。在现代社会面临诸多挑战的背景下，古典文明中的智慧和思想可以提供解决问题的新思路，促进全球文化多样性发展。《道德经解意》的法译和英译，不仅对中法文化交流有帮助，也对欧洲乃至世界的文化交流和古典文明的复兴具有重要意义。

胡丹自幼学习传统医学，熟悉传统丹道修行方法，《道德经解意》对古代内丹学多有继承和发展。该书继承了内丹学的核心理念，即追求长生不老、返本还元的核心目标。内丹学认为，通过修炼可以达到身心的净化和升华，与道合一，"解意"在继承传统内丹学的基础上，进一步发展了内丹修炼理论，将《道德经》的哲学思想与内丹修炼相结合，丰富了传统修炼方法和理论框架。《道德经解意》强调了道德修养在内丹修炼中的重要性，认为修炼内丹不仅有助于身体上的净化，也能帮助心灵和道德提升。书中将道家哲学的深奥理论与内丹修炼的实践相结合，使之更加贴近现代人的修炼需求和理解方式，有助于内丹学的现代传播。相信通过《道德经解意》的阐述，古代内丹学的理论和实践将更容易在现代社会中传播和推广，将使更多人接触并了解这一传统的修炼方法。《道德经解意》对内丹学的生命意义进行了深入阐释，认为内丹修炼不仅能够治病养生，更能够提升和改造生命，达到更高层次的生命境界。《道德经解意》探讨了内丹学与现代科学结合的可能性，尝试用现代科学的方法来解释和验证内丹修炼的效果和原理。通过这些方式，《道德经解意》不仅继承了古代内丹学的精髓，还为其在现代社会的发展和传播做出了贡献。

《道德经解意》体现了胡丹对古代内丹学的吸收和转化，特别是在意丹学方面，可以从以下几个方面进行理解：该书在继承古代内丹学的基础上，强调了理论与实践的结合，通过内丹修炼的实践来体验和理解《道德经》哲学思想。在《道德经解意》中，内丹学不仅是对生命力的修炼，也是对心性、道德的修炼。这一点体现了《道德经》中关于生命修炼和理想人格的思想，即性命双修的观念。该书吸收了《道德经》中的辩证法思想，如对立统一、质量互变、否定之否定等，并将这些思想应用于内丹修炼的理解中，推进了传统的顺逆观、颠倒观等内丹修炼理论。《道德经解意》丰富了奇经八脉的理论，特别在内丹修炼实践中对奇经八脉的理解，思考任督二脉的调节和真气运行的关系。可见，《道德经解意》强调内在体验的重要性，即通过内在的观察和体验来理解《道德经》的深奥哲理，这一点在其强调关于意丹学的修行中表现得尤为明显。胡丹博士尝试将古代内丹学理论和修炼方法转化为适合现代社会的实践，使之更容易被现代人接受和理解。通过这些方式，她不仅吸收了古代内丹学的理论精髓，还将其与现代社会的实际需求相结合，推动了内丹学的发展和转化。

丹学作为中国传统文化的重要组成部分，今天需要从国际化的角度加以发展。胡博士二十年来出中入西，由西返中，所成"解意"对传统内丹学不仅有所发展，而且可以推动古老丹学的现代传播。随着全球化的不断深入，丹学可以通过国际学术会议、文化节、工作坊等形式，推动文化交流，向世界各地传播。这不仅有助于提升丹学的国际影响力，也能促进不同文化之间的相互理解和尊重。丹学研究者可以与国际上的研究机构和学者进行合作，共同开展研究项目。通过国际合作，不仅可以拓宽研究视野，还可以促进丹学理论与现代科学的结合和创新。在国际教育领域可以开设丹学相关课程，培养对丹学感兴趣的国际学生。同时，也可以通过在线教育平台，使丹学的学习资源全球化，让更多人能够接触和学习丹学。

推动丹学现代化的一个重要方面是建立国际认可的标准和规范，这包括古老丹学的教学标准、实践方法、研究准则等，以便国际间的比较和交流。丹学的国际化传播有助于推动全球对古典文明的兴趣和研究，促进古典文明的复兴。通过古老丹学的传播，可以使更多人了解和欣赏古代智慧，从而促进全球文化多样性的发展，形成现代化、多样化的"丹学"。丹学中包含的和谐、平衡等理念，可以为解决当今世界面临危机的环境、健康、社会等问题提供思考路径和解决方案。通过国际化推广，可以使这些理念得到更广泛的应用。随着数字化、网络化的发展，丹学也可以利用数字技术进行传播和教学，如建立虚拟的线上丹学博物馆等，使丹学资源更加易于获取和分享。通过这些方式，丹学的国际化不仅能够促进文化的交流和理解，还能够为全球文化多样性和古典学复兴做出贡献。

　　细心的读者将会发现，《道德经解意》写出了胡丹之"丹学"浴火重生的心路历程，她通过"丹学"提出了一些振聋发聩的思想，或可帮助医药乃至各行业的领导们重思正道，引领医药行业重回天道。很长时间以来，医药行业的某些从业者，偏离了希波克拉底誓言"我愿尽余之能力与判断力所及，遵守为病家谋利益之信条，……无论至于何处，遇男或女，贵人及奴婢，我之唯一目的，为病家谋幸福"，也忘却了《黄帝内经》"圣人不治已病治未病，不治已乱治未乱"（《素问·四气调神大论》）以病人的福祉和利益为医生天职的古训，《道德经解意》开创现代"丹学"的魄力和智慧，或许有助于帮助医药行业的从业者们重回天道，回到医生真正应该做的救死扶伤的本职工作上去。医疗行业的同行们领悟《道德经》的智慧之后，将更有勇气直面医生的天职。在这个意义上说，胡丹作为医药卫生领域工作者，其《道德经解意》所开创的"丹学"不仅有助于预防天下人身体的疾病，更有助于预防天下人心灵的疾患，功莫大焉，是所望焉。

中国人民大学哲学院教授，尼山世界儒学中心副主任　温海明

自　序

在岁月的长河中，我是一名虔诚的行者，穿梭于知识的殿堂与生活的田野，探寻着生命与智慧的真谛。人生天地间，长路有险夷，这一路，风霜雨雪交织，荆棘与繁花相伴，而《道德经》宛如一座巍峨的灯塔，照亮我前行的道路，引领我穿越迷茫与困境。如今，我将这份对《道德经》的解读与体悟汇集成书，既是对过往岁月的回顾，也是对未来旅程的期许。

老子的智慧如同璀璨的星辰，照亮宇宙之巅。《道德经》那简洁而深邃的文字，蕴含着对宇宙、生命和社会的深刻洞察，让后人为之震撼。从"道可道，非常道；名可名，非常名"中，我领悟到世间万物的玄妙与不可言传的本质；从"上善若水，水善利万物而不争"中，我体会到谦卑、柔和与顺应自然的力量；从"无为而无不为"中，我明白了顺应自然规律、不强求、不妄为的智慧。这些思想如同一股清泉，涤荡着我的心灵，让我在纷繁复杂的世界中找到了宁静与平和。

在深入研读《道德经》的过程中，我愈发体悟到其与现代生活的紧密联系。老子所倡导的无为而治、顺应自然的理念，对于当今社会中企业的管理、领导以及个人的生活方式都有着重要的启示。在企业管理中，无为而治并非意味着不作为，而是要求领导者顺应员工的天性，创造良好的环境，让员工能够充分发挥自己的潜能，从而实现企业的高效运作。在个人生活中，顺应自然则意味着我们要尊重自己的身体与心灵，不被外界的欲望与诱惑所左右，保持内心的宁静与淡泊，以达到身心健康的状态。我认为，传承与弘扬《道德经》的智慧是每一位热爱传统文化之人的责任与使命。因此，我希望通过《道德经解意》，将自己对《道德经》的理解与体悟分享给更多的人，让越来越多的人能够领略老子智慧的光芒。

《道德经解意》深入解读老子《道德经》的哲学思想与实践智慧：哲学思想从"丹意"的角度解读，实践智慧以修成"意丹"为指归。本书试图从"丹"的角度新解《道德经》之"意"，在将《道德经》翻译成中、法、英三语的基础上，为现代读者提供一份通俗易懂的解读，让读者跨越时空的界限，与老子进行心灵的对话，从而在现代社会中找到属于自己的智慧与力量。为使读者更好地理解本书的内容与结构，并在工作和生活中应用好本书，在此，将本书的体例、解读原则、阅读和应用建议加以简单说明。

本书依据《道德经》原有的八十一章的顺序进行编排，每一章均以"第×章"为标题，后附该章的核心主题，如"第一章　大道无名　玄之又玄"，以便读者快速把握每章主旨。每章内容分为"原文""中译""法译""英译""解意"五个部分。其中，"原文"呈现古文经文（以通行版本为基础）；"中译"提供现代汉语译文；"法译""英译"分别呈现法语、英语翻译，供不同语言背景的读者参考；"解意"从"丹意"的角度解读经文的哲学意义、思想意蕴、文化意涵，同时融入以修成"意丹"为指归的实践智慧。

本书的翻译原则是尽量忠实于原著，解读紧扣《道德经》原文，力求准确传达老子思想的精髓，避免主观臆断与过度引申。表达尽量通俗易懂，语言力求简洁明了，避免晦涩术语，使读者易于理解老子哲学的深奥内涵。解读时尽量结合实际，将老子思想与现代社会生活、工作的实际相结合，挖掘其现实意义与应用价值，使读者能够学以致用。

《道德经解意》适合广大传统文化爱好者，望能为渴望深入了解《道德经》与丹道修炼的读者提供系统的学习资料，满足其经典研习与文化传承的需求；为从事哲学、宗教学研究的学者与学生提供全新视角与丰富素材，拓展研究思路，促进学术交流与学科发展；为企业管理者与职场人士在个人成长、团队建设与组织管理方面提供《道德经》智慧的应用指导，助力其提升领导力，优化决策，实现职业发展；为追求心灵成长、生活智慧与身心健康的普罗大众，提供易于理解与践行的修身养性的方法，引导其在快节奏的现代生活中找回内心的宁静与平衡，实现个人价值，过上幸福生活。

读者初次阅读本书时，可循序渐进，按章节顺序阅读，逐步深入，有助于系统掌握老子的思想脉络。能够阅读英语和法语的读者，阅读时可对比中、法、英三种译文，从不同语言和跨文化的视角理解经文，有助于拓宽思维视野。读者在阅读"解意"部分时，可积极思考其与自身经历的关联，理解经文的"丹"意，尝试将老子大道哲学与修丹智慧应用于实际生活，实现知行合一。半部《论语》治天下，一部《解意》悟人生，读者可以将本书作为开启智慧之门的钥匙，让《道德经》的智慧为您答疑解惑，以新的视角化解人生困境，开启智慧的玄意之门。

《道德经解意》可以作为善智人生的工具书，帮助读者以新的视角和思维化解人生困境。无论碰到怎样的困境还是内心充满困惑，读者都要尽量调整到心静神定的状态，把意念聚焦于当下关键性的难题，听从直觉的引导，随机停留在本书的某一章节，反复诵读标题和原文、译文、解意的内容，理解其中深意，领悟大道智慧，汇聚宇宙能量，随即慧生智开，意解心明，内心困惑随即消散，开启智慧的玄意之门，走进大道通达宇宙的全新境界。

《道德经解意》的成书，受益于众多师友的支持与帮助。在我学术研究的道路上，导师的悉心指导、同行的交流切磋、学生的反馈与提问，都为我提供了宝贵的灵感与思路。他们的鼓励与支持，让我在面对困难与挫折时能够坚定信念，勇往直前。在此，我要向他们表示最诚挚的感谢。

《道德经解意》的出版，是我学术生涯中新的里程碑，也是我传承与弘扬传统文化的一次尝试。我深知自己的学识与能力有限，书中不足之处所在多有。但我相信，只要我们怀着对传统文化的敬畏之心，不断探索与前行，就一定能够挖掘出更多深藏于古籍中的智慧宝藏，为现代社会的发展贡献自己的力量。

在未来的日子里，我将继续深耕于传统文化与现代工作的结合领域，不断探索新的研究方向与方法。我希望能够与更多同仁携手合作，共同为推动中华优秀传统文化的传承与发展而努力。我相信，传统文化的智慧之光必将照亮我们前行的道路，引领我们走向更加美好的未来。

最后，我衷心希望《道德经解意》能够成为读者的心灵慰藉与智慧源泉。愿有缘的读者都能在书中找到属于自己的那份宁静与力量，以更加从容、智慧的姿态，面对生活中的挑战与机遇。谨以此书，献给所有热爱传统文化、追求智慧人生的朋友们。

胡丹

2025 年元月于燕园

目录

第 一 章	大道无名	玄之又玄	001
第 二 章	美恶相形	功成弗居	005
第 三 章	无知无欲	无为而治	009
第 四 章	挫锐解纷	和光同尘	013
第 五 章	多言数穷	不如守中	017
第 六 章	玄牝之门	绵绵若存	021
第 七 章	天长地久	后身而先	025
第 八 章	上善若水	不争无尤	029
第 九 章	持盈守弱	功成身退	033
第 十 章	抱一致柔	生而不有	037
第十一章	有之为利	无之为用	041
第十二章	心不外驰	去彼取此	045
第十三章	宠辱不惊	无身无患	049
第十四章	执古之道	御今之有	053
第十五章	保此道者	不识不盈	059
第十六章	致虚守中	归根复命	063
第十七章	功成身退	事遂自然	067
第十八章	道废有为	国乃乱矣	071
第十九章	见素抱朴	少私寡欲	075
第二十章	绝学无忧	独遗愚人	079

第二十一章	孔德之容	惟道是从	083
第二十二章	夫唯不争	抱一守柔	087
第二十三章	希言自然	雷霆不久	091
第二十四章	余食赘行	有道不处	095
第二十五章	域有四大	人居其中	099
第二十六章	轻则失根	重则失君	103
第二十七章	圣人之道	不弃物人	107
第二十八章	知雄守雌	复归婴儿	111
第二十九章	欲取天下	惟不得已	115
第 三 十 章	物壮则老	不敢取强	119
第三十一章	强者用兵	不祥之器	123
第三十二章	道在天下	知止不殆	127
第三十三章	知人者智	自知者明	131
第三十四章	大道泛兮	其可左右	135
第三十五章	道之出口	淡乎无味	139
第三十六章	国之利器	不可示人	143
第三十七章	道常无为	天下自定	147
第三十八章	上德不德	是以有德	151
第三十九章	得一守正	贵为贱本	157
第 四 十 章	反者道动	弱者道用	161
第四十一章	大音希声	大器晚成	165
第四十二章	人之所教	我亦教之	169
第四十三章	不言之教	无为之益	173
第四十四章	知足不辱	知止不危	177
第四十五章	大盈若冲	其用不穷	181
第四十六章	知足之足	则常足矣	185
第四十七章	不行而知	不为而成	189

第四十八章	为学日益	为道日损	193
第四十九章	圣人无心	百姓为心	197
第 五 十 章	出生入死	以无死地	201
第五十一章	长而不宰	是谓玄德	205
第五十二章	见小曰明	守柔曰强	209
第五十三章	行于大道	唯施是畏	213
第五十四章	修之于身	其德乃真	217
第五十五章	含德之厚	比于赤子	223
第五十六章	知者不言	言者不知	227
第五十七章	以正治国	以奇用兵	231
第五十八章	其政闷闷	其民淳淳	235
第五十九章	有国之母	可以长久	239
第 六 十 章	两不相伤	德交归焉	243
第六十一章	天下之交	以静为下	247
第六十二章	万物之奥	善人之宝	251
第六十三章	天下大事	必作于细	255
第六十四章	慎终如始	则无败事	259
第六十五章	常知稽式	是谓玄德	263
第六十六章	以其不争	莫能与争	267
第六十七章	天将救之	以慈卫之	271
第六十八章	不争之德	用人之力	275
第六十九章	抗兵相若	哀者胜矣	279
第 七 十 章	知我者希	则我者贵	283
第七十一章	以其病病	是以不病	287
第七十二章	民不畏威	则大威至	291
第七十三章	天网恢恢	疏而不失	295
第七十四章	民不畏死	何以惧死	299

第七十五章	无以生为	贤于贵生	303
第七十六章	兵强则灭	木强则折	307
第七十七章	为而不恃	功成不处	311
第七十八章	弱之胜强	柔之胜刚	315
第七十九章	天道无亲	常与善人	319
第 八 十 章	小国寡民	安居乐俗	323
第八十一章	圣人之道	为而不争	327

主要参考书目 …… 331
后记 …… 335

第一章

大道无名　玄之又玄

【原文】

道①可道，非常道；名②可名，非常名③。无，名天地之始；有，名万物之母。

故常无，欲以观其妙；常有，欲以观其徼。

此两者，同出而异名，同谓之玄，玄之又玄④，众妙之门。

【中译】

"道"如果可以用言语表达，就不是永恒普遍的"道"；"名"如果可以用文辞来命名，就不是永恒普遍的"名"。

"无"（"无名"）是天地的创始，"有"（"有名"）是万物生长发育的母体。

所以人要常常体悟虚无（无欲）的境界，才能观照冥契"道"的微妙渺茫；还要常常体会实有（有欲）的境界际遇，以便观悟"道"运化的边缘际界。

---

① "道"难以翻译，法译中现多用"Voir"或"Tao"，英译中现多用拼音"Dao"或"Tao"，属于只可意会不可言传，所以基本不用意译，如英译"way"、法译"chemin"。虽然"道"无法言说，但只有言说，才有"道说"的可能性。既然老子写了五千言，那么他就没有完全排斥"道说"的可能性。无独有偶，希腊语的"logos"既是指宇宙的本原，又有言说之意。《约翰福音》开篇"太初有道，道与神同在，道就是神"（英译 In the beginning was the Word, and the Word was with God, and the Word was God，法译 Au commencement il y avait la parole, la parole était avec Dieu, la parole était Dieu），道不得不言，而道言即成神。通常认为 Stanislas Julien, Liou Kia-hway, Francois Houang et Pierre Leyris 所翻译的三个法语版本较为权威、流传广泛。本书所引法语词汇多来自这三个版本，但也参考了其他法语译本，例如法国当代汉学哲学家 Marcel Conche 的版本。

② "名"的法译多用"Nom"（名字），"Le terme"（术语），英译一般是"name"，也用动名词化的"naming""nommé"。

③ "常名"的法译为"le Nom éternel"（永恒的名），英译通常为"enduring"（持久），"unchanging"（不变），"eternal"（永恒）或"constant"（恒常）。

④ 玄之又玄：道既呈现为微妙幽玄的实有，也表现为玄幻虚渺的虚无，并在有无二玄之间相互转化。法译多用"le Mystère Suprême"，"doublement profondes"，如儒莲（Stanislas Julien）译为"le Mystère Suprême"，戴闻达（J. J.-L. Duyvendak）译为"doublement profondes"。英译常用"mystery""deep"和"profound"来表达，如刘殿爵（D. C. Lau）译为"mystery upon mystery"，陈荣捷译为"deeper and more profound"，安乐哲译为"the obscurest of the obscure"。

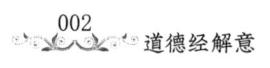

虚无（无欲）和实有（有欲）都是大道化生出来的，只是名义有异，但都可以说是玄妙莫测的。道既呈现为微妙幽玄的实有，也表现为玄幻虚渺的虚无，并在有无二玄之间相互转化，这就是意会"道"的众多奥妙变化的门径。

【法译】

La voie qui peut être exprimée par la parole (la Voie énnoncée) n'est pas la Voie éternelle (continue ou perpétuelle ou constante); le nom qui peut être nommé n'est pas le Nom éternel (constant ou perpétuel). Ce qui est sans nom est l'origine du ciel et de la terre; avec un nom, il est la mère de toutes choses.

C'est pourquoi, lorsqu'on est constamment exempt de passions, on voit son essence spirituelle; lorsqu'on a constamment des passions, on le voit sous une forme bornée (on ne voit que de façon limitée).

Ces deux choses ont une même origine et reçoivent des noms différents. On les appelle toutes deux profondes. Elles sont profondes, doublement profondes. C'est la porte de toutes les choses spirituelles.

【英译】

The *Dao* that can be expressed by words is not the eternal *Dao*; the name that can be named is not the eternal Name. The nameless (being) is the origin of heaven and earth; with a name, it is the mother of all things.

Therefore, if one is constantly free from passions, one sees one's spiritual essence; if one has constant passions, one sees it in a limited form.

These two things have the same origin and are given different names. Together, they are called profound. They are profound and doubly mystical. This is the door to all spiritual things.

【解意】

《道德经》是中华古老道家智慧的结晶，它以玄幻莫测的深度、广度和精度著称于世。老子第一章开宗明义，"道"不可言说，不可名状。我们难以在当代语境下，对《道德经》做出最符合老子本义的解释。我们不把"道"解释为"物质""精神"，因为"道"不是有形的物质，也不是思虑的精神，更不是理性的规律。本书旨在解析其中真意，故名"解意"。

通常所谓物质、精神、规律，都是"道"这一概念的派生物、衍生品，都没有抓住"道"本"丹"意。在《道德经》一著中，老子没有直接给出关于"道"的逻辑定义，因为这不是古代哲人表达思想的方式，这也是中西方哲学思考的重要分歧所在。既然老子没有给"道"以定义，我们也不给"丹"以定义，其中的"道意"和"丹意"都期待读者意会而得。

意会"道"，需要读者通过老子各种各样的譬喻或关于自然物的描摹，将渗透在章句之中的"道"的意象和意义领悟出来，本书期待能够启发人们对道的直接觉悟和体验，因悟道而结丹。

水是老子哲学的一个重要意象。水的属性是：谦下柔弱、方圆自如，无处不安身，无时不切合，与天地万物兼容圆通。水有上善之品格，所以最切近道。道家内丹修养理论认为，肾水为先天之本，也是后天气血运化之基。肾阳离身，瞳孔放大，真炁还虚，肉体的生命也就告一段落。天地人物未生时，都是一团元炁。人身禀大道运化，自虚无而得一先天元炁。人体生成之后，全赖此先天一炁生化抚育。故内丹之要，在修丹养炁，并无他法。心息相依，一心无缘，万念俱寂。人身肾气持续发动，肾水泉涌，感悟肾水运化周身，有浩浩荡荡、混混沌沌、恍恍惚惚之象。悟内丹之道者，自知以丹解道自有其真凭实据，真真切切，春意盎然，自知此书所述，字字有本，头头是道。质言之，老子之道，体用一源，显微无间。以丹解道，即体即用，即心即物，心物一元。

道在有无之间，也在有欲和无欲之间，合乎《易传》"一阴一阳之谓道"之旨。道之运化成丹，时刻一静一动，互为其根，人若意会，便觉同出异名。悟得此道之丹意，即使平日口若悬河、聪明绝顶者，也往往不能道一字，因为丹解本自无字天书而来。

第二章

美恶相形　功成弗居

【原文】

天下皆知美①之为美，斯恶已；皆知善之为善，斯不善矣。

故有无相生②，难易相成，长短相形，高下相倾，音声相和，前后相随。

是以圣人③处无为之事④，行不言之教：万物作焉而不辞，生而不有，为而不恃，功成而弗居。夫唯弗居，是以不去。

【中译】

天下人都意会"美善"的存在，进而产生"美"的观念，于是"丑恶"的观念同时就显现了；天下人都意会"善良"的人或事，进而产生"善"的观念，于是"不善"的观念同时就显现了。

① 美的理念（英译 idea of beauty，法译 la beauté），善（英译 good，法译 bien）的边界，都来自丹意被心灵意会的边界，在内化的德性（英译 virtue，法译 virtue）上体现其分寸感。

② 有无相生体现了存在物存在与不存在的相互转化，因为一切有都从无中生来，一切有皆以无为其存在的情境。有，在"决定性"（英译 determinacy，法译 certitude）的意义上，比被理解为"在者"（英译 being，法译 être），更能突出其"无中生有"的存在论意味。有，是一种在场（presence）状态，是无中的显现者和显现（manifestation），法译"afficher"即无中显（manifesting）有。一切有与无的转化相生都是能量的转换，是丹意的隐化与显化，不是人力和私意所能排的。生成之物都以无为底色和情境（context/contexte），一切的有都是情境创生（英译 contextual creativity，法译 Créativité situationnelle）的本有态（英译 determinacy，法译 certitude）都来自本无态（英译 indeterminacy，法译 Incertitude）。本无态充满能量，因其意会而显现为本有态，这是一个意念创生（英译 intentional creativity，法译 Création intentionnelle）的过程。意会不过是意（英译 intention/intentionality，法译 Intention/intentionnalité）从无的境中生有（英译 creatio in situ，法译 Création in situ）的意念实化过程（英译 concretizing one's intentions，法译 Cristalliser l'intention de quelqu'un）。"道"存在的"有而无之"状态，说明"无"态相对于"有"态有创生意味，"无"态涵摄无限创生之机。

③ 通道的圣人应该是非性的（英译 asexual，法译 Asexualité），但能够使性成为可能。

④ 圣人处无为之事：圣人顺应天地丹意而成就事业。居于所处之位，事成必有所为，心顺丹意，无丝毫私情私意杂染其间。无为是顺应丹意而无私心作为，不以私心私意干涉事物自然生长发育，不干扰事件的产生发展，不带丝毫强制之意（英译 coercion，法译 Coercition）是"与'德'一致的非强迫性行为"（英译 Noncoercive action that is in accordance with the de of things，法译 Comportement non conforme），是看起来毫不用力（英译 effortless action，法译 Action sans effort）的用力方式，但又不等于无所行为（英译 non-action，法译 Ne pas agir），而是无为之为，以无为而为。因其心意都顺天地之道而为，所以做的事情都是天地丹意实化而成的。

于是，有与无相反相生，难与易相互形成，长与短相比较而存在，高与低在对比中互相依存，它们如前面发出的声音（前音）与后面被感知到的声音（后声）那样相互应和，前音与后声相互伴随。

于是，圣人以无为的态度来处事，推行不言的教化：任万物自己兴作而不干涉，生养万物但不占有，化育万物但不自恃己能，成就万物但不自居有功。正因为圣人不居功，所以他的功劳无法被抹去。

【法译】

Dans le monde, lorsque tous les hommes ont su apprécier la beauté (morale), alors la laideur (du vice) a paru (est apparue). Lorsque tous les hommes ont su apprécier le bien, alors le mal a paru (est apparu).

C'est pourquoi l'être et le non-être naissent l'un de l'autre. Le difficile et le facile se produisent (s'engendrent) mutuellement. Le long et le court se donnent leur forme. Le haut et le bas montrent (mesurent) mutuellement (réciproquement) leur inégalité. Les tons et la voix s'accordent mutuellement. L'antériorité et la postériorité sont la conséquence l'une de l'autre.

De là vient que le saint homme (grand Sage ou maître de sagesse) fait son occupation du non-agir. Il fait consister ses instructions dans le silence (Il instruit en silence ou par le silence). Alors tous les êtres se mettent en mouvement, et il ne leur refuse rien. Il les produit (fait advenir ou fait mûrir) et ne se les approprie pas. Il les mène à la perfection et ne compte pas sur eux. Ses mérites étant accomplis, il ne s'y attache pas. Il ne s'attache pas à ses mérites; c'est pourquoi ils ne le quittent point.

【英译】

In the world, when all men have been able to appreciate beauty (morality), then ugliness (vice) has appeared. When all men have been able to appreciate the good, then evil has appeared.

This is why being and non-being arise from each other; the difficult and the easy mutually occur. The long and the short give each other their shape; the top and the bottom show each other's inequality. The tones and the voice are in harmony with each other; the anterior and the posterior are a consequence of each other.

Thus it is that the Sage makes non-action his occupation; he makes silence his instruction. Then all beings set themselves in motion, and he refuses them nothing. He produces them yet does not appropriate them. He perfects them yet does not rely on them. His merits being accomplished, he does not attach himself to them. He does not attach himself to his merits; that is why they do not leave him.

【解意】

本章富含古老东方的辩证智慧。培养人的创造性和主体性，需要提升阴阳辩证思维能力，这种思维能力也是创新思维的重要来源。

凡有美事，则事之丑态亦随之而生；凡有善事，则事之恶面也随之而起。《易传》曰："一阴一阳之谓道。"道就是阴阳协同变化，但单纯阳这一面不是道，单纯阴这一面也不是道，要在阴阳未判之间去理解阴阳之道的变化。阴阳之化，如太极无极之相互转化，阴阳互根互生，阴极则阳，阳极则阴，阴阳转化而道生生。

《道德经》的要害在于以"无为"为体，以"无不为"为用，以"生"为源头，以"化"为背景，以"因"为枢机，以"逆"修丹道。内丹修养，不离阴阳。先天一气，无善无恶，无美无丑，但阴阳俱足。故内丹修炼养生之要，在虚极静笃之中，涵养无善无美的一团真元之炁。

新道家思想需要因应时代精神，参与重构中华民族的现代新文化。21世纪世界文化发展显露出"多元并存，相互融汇"的基本趋势，新道学将促进世界文化的一体化。正是在这个意义上，钱学森教授提出"世界社会形态"的观点，还在科学思想和方法论上，继承和发扬中国古代哲学的整体观，提出集古今中外智慧之大成的"大成智慧学"。他认为，统一的物质世界是各门科学研究的对象，区别仅在于研究角度有所不同，这从根本上否定了各学科之间存在不可逾越的鸿沟的说法，强调不同学科之间的互补性和辩证互通互成性。

第三章 无知无欲 无为而治

【原文】

不尚贤，使民不争；不贵难得之货，使民不为盗；不见可欲，使民心不乱。

是以圣人之治，虚其心，实其腹，弱其志，强其骨。常使民无知无欲，使夫智者不敢为也。

为无为①，则无不治。

【中译】

统治者不推崇贤才异能，百姓就不争夺较量；不推崇难以得到的货财，百姓就不会去偷盗；不展现勾人欲望的货财，百姓的心就不会惑乱。

因此，圣人想治理好国家，就要简化百姓的心思，满足他们的口腹，消损他们的意志，强化他们的筋骨。经常让百姓没有机心和欲望，如此就让爱用智巧的人不敢恣意妄为。

如果用自然无为的态度来治理国家，就没有不能顺道而治理好的。

【法译】

En n'honorant pas les hommes de mérite, on obtient que le peuple n'entre pas en compétition. En ne faisant aucun cas des objets précieux; on obtient que le peuple ne soit pas cupide. En ne faisant pas étalage de ce qui suscite l'envie, on obtient que le cœur du peuple ne soit pas troublé.

---

① "为无为"是用无为来为，即用自然无为的心意状态来治理。戴闻达的法译为"que ceux qui savent n'osent pas agir"，刘殿爵把"为无为"译为"do that which consists in taking no action"，安乐哲译为"it is simply in doing things non-coercively"。陈汉生把"为"译为"deeming action-acting on social constructs"，"为无为"则为"act on the construct 'lack acting on constructs'"，用"无为"的方式来"为"，不是无所作为。"无为"的不同形式，如"无事"，可解为"无害于他人对自己事业的追求"（英译 to be non-interfering in going about one's business，法译 Ne pas interférer avec ses propres affaires）；"无心"可解为"直接的思想和情感"（英译 unmediated thinking and feeling，法译 Pensée et émotions sans intermédiaires）；"无欲"可解为"非客体化的欲求"（英译 objectless desire，法译 Aucun désir）；"无争"可解为"不好争的奋斗"（英译 striving without contentiousness，法译 Lutter sans controverse）；"无知"可解为"非本原化认知"（英译 unprincipled knowing，法译 Savoir sans principes）。

C'est ainsi que le sage gourverne: il vide les cœurs et remplit les ventres; il affaiblit les ambitions et fortifie les os; il veille à ce que le peuple soit sans savoir ni désir, il fait en sorte que les doctes n'osent pas agir.

Lui-même accomplit sans agir: il n'y a rien alors qui ne soit pas bien gouverné.

【英译】

By not honoring men of merit, the people are prevented from competing. By paying no attention to precious objects; the people do not become greedy. By not flaunting what arouses envy, the hearts of the people are not disturbed.

Therefore the Sage governs as follows: he empties heart-minds and fills bellies; he weakens ambitions and strengthens bones; he sees to it that the people are without knowledge or desire.

He makes it so that the learned do not dare to act. He himself acts without acting: there is then nothing that is not well-governed.

【解意】

此章通常被理解为治国理政中的愚民政策，但仁者见仁，也一直有不同的解释。欲望指的是人基本生存需要之外的要求，老子所指的欲望，并非仅限于物质层面的需求。人类社会从原始时期的质朴生活状态走向文明世界，似乎一种文明终将被更高阶的文明取代，终归于人性自由全面解放，人成为自己命运的主人，按照人最本真的愿望生活劳作，实现大同社会。但老子似乎对持续进步的观点持悲观态度。老子认为，一切文明形态都可能会陷入群集纷争、虚伪奸诈、欲壑难填的境地。究其根源在于，文明形态脱离了本源性的道，是人的私心作祟，文明体系似乎以一种更新的做作制度取代旧制度，但其实只是不断地以新瓶装旧酒，并没有顺从根本性的治理之道。

那么，如何才能顺从根本性的治理之道呢？需回溯回归到"无为之道"，用通常的眼光来看，几乎就是走向颠覆性的变革。如果以消极颓废来理解老子的无为本义，那就丝毫没有体会到老子哲学的深刻内涵——清静自正，无为自化。把无为运用在体验内丹修养的情境之中，那么达到无为之境，则能实现大自在——个体的妙观察智、平等性智、大圆镜智、成所作智的自然流露。

如果统治者推崇圣贤，其本意无可厚非，然而一旦成为世态风向，标榜垂范，就容易培养出伪善粉饰的两面人格，贻害赤子之心。若果真能顺其自然，行其一念顺道之初心，即使有为，也是无为。道本来平常，如如自在，贤者自贤，所以无需尚贤。以道观之，物无贵贱，所以如果人们能够顺应自然法则生活，就不会起分别和争夺的机心，那样人类的物质生活条件似乎早已能够满足需要；如果人们起了攀比好阔之心，那么即使有无数珍稀奇物，也只会引得人们欲火焚烧，争斗不止。

统治者应该经常从无为的治理之道当中汲取智慧，如果能够真心实意不折腾，实事求是不做作，公平公正不虚掩，那么就离无为之道不远了。治理之道当顺从天意，而天从来没有半点虚情假意，刮风下雨、日出日落，看起来随心所欲，其实都是顺道而行。做好治理工作，克服其中的弊病，本来并不需要多么高妙的智慧，只要顺道而行，从事实出发，针对真实现状去治理其中的问题，并用真情实意来解决问题，其实这就是无为而治。

事情越是到了决定成败的关键时刻，就越需要无为之道。本来无为之道是相对于有为之道而言的，如影随形，忽隐忽现，需要意识到无为的可能性。可是，如果人越要描述思考无为之道，那么无为之道就越可能会消失殆尽，无法捕捉。如果你无思无虑，无为之道似乎就在上下左右，伸手可及。所谓人心若与天心合，颠倒阴阳只片刻。可见，私心分别会导致无为之道避而远之，而如果能够和光同尘，意识到本自具足，那么无为之道就一直在身边，随时随地，若隐若现。

第四章

挫锐解纷 和光同尘

【原文】

道冲，而用之或不盈；渊兮！似万物之宗。

挫其锐，解其纷，和其光，同其尘。

湛①兮！似或存。

吾不知谁之子，象帝之先。

【中译】

"道"之本体冲虚无形，但其作用几乎无穷无尽。道体渊深不可测啊！好像是万物的本源。

收敛锋芒，化解纷扰，含敛光耀，混同尘俗。

道体幽隐不明啊！但它却真实存在。

我不知道道体因何缘而生，似乎在天帝之先就已经存在。

【法译】

Vide, la Voie, malgré son emploi, n'est jamais remplie (Vide est la Voie ; toujours usitée, jamais épuisée). Insondable, elle apparaît comme l'origine des dix mille êtres.

Elle émousse les tranchants, dénoue les nœuds, tempère l'éclat, rassemble leurs poussières (rassemble ce qui est dispersé).

Si profonde, elle paraît demeurer toujours.

Fille de qui, je ne sais, elle paraît antérieure au Souverain (souverain Père).

【英译】

Empty, the *Dao*, despite its use, is never filled. Unfathomable, it seems to be the ancestor of the myriad things.

---

① "湛"是从无中生有、从隐中显形，看起来如真实存在一般。"湛"代表下沉隐没之前，现象将隐未隐的瞬间，如水面即将下沉之物，在波光闪现的瞬间，于有迹之间追问无迹之物的存在状态。儒莲译为"pur"（纯洁），戴闻达译为"profonde"（深），陈荣捷译为"deep and still"，张钟元译为"clearly indeed"。安乐哲译为"cavernously deep"，近于庄子的"卮言"，意义先被清空，之后才重新充满。

It blunts their edges, unties their knots, tempers their splinters, and gathers their dust.

So profound, it seems to remain forever.

Daughter of whom, I do not know, she seems to be anterior to the Sovereign.

【解意】

老子把道模拟比喻为冲虚至极、妙应万物的创生之道体。道体至虚至实，无尽渊深，幽暗沉寂，似乎无影无踪、虚无缥缈，但又真真切切、实实在在。

修道者的日常态度，凡事让人以先，自处其后；尊人以上，甘愿居下。与世无争，看起来随波逐流，顺从而和乐，意通而丹成，正大光明，从不显锋露芒，和光同尘，玄微美妙。

"道"自本自根，自生自成，道之上没有第一推动者，所以道是自动的永动体。道不能用言语和数字来描述，不能成为人的感官或仪器直接观察的对象，但道却无时无刻不在向人们的意识显现，所以可以从"有"和"无"两个方面去体认道体的玄妙。宇宙万物周流不息，来自道，又复归于道，这个"大循环"是道"周行而不怠"的根本状态。道在哲学层面是接近永恒的、形而上的最高本体，又是科学层面宇宙万物的起始点和终结点，更是自然界、生命界、人类社会、心灵世界等万事万物的总根源，并贯穿和体现在万事万物之中，所以道体是一切"存在"的根据。后人在"道体是一切存在"的基础上，把道体理解为历史、政治、经济、社会、文化、生态运化的规律和原则，但道体又不是某种外在的确定性的规律和原则，而是动态的、生成的"丹"——存在物生存和变化的内在系统。

第五章

多言数穷　不如守中

【原文】

天地不仁①，以万物为刍狗；圣人不仁，以百姓为刍狗。

天地之间，其犹橐籥乎？虚而不屈，动而愈出。

多言数穷，不如守中。

【中译】

天地自然之丹，无所偏爱，视万物犹如祭祀用的草狗，任由万物自生自灭。圣人修丹，无所偏爱，视百姓如草狗，任由他们自行兴衰。

天地大丹，岂不像个鼓风器吗？里面空虚，所以鼓出的风不会穷竭，越是鼓动，吹出的风就越多。

（修丹也是如此，）话说得越多，越会偏失而陷入穷困，不如念念持守冲虚之境。

【法译】

Le ciel et la terre n'ont point inclinations particulière. Ils regardent toutes les créatures comme le chien de paille (du sacrifice). Le saint homme (grand Sage ou Maître de sagesse) n'a point d'inclination particulière; il regarde tout le peuple comme le chien de paille (du sacrifice).

L'être qui est entre le ciel et la terre ressemble à un soufflet de forge. Il est vide et ne s'épuise point, plus on met en mouvement plus il produit de plus en plus (du vent).

Celui qui parle beaucoup (du Tao Dao) est souvent réduit au silence. Il vaut mieux observer le milieu.

【英译】

Heaven and earth have no particular affection; they look upon all creatures as

---

① 儒莲译为"天地没有特别的感情"（Le ciel et la terre n'ont point d'affection particulière）；戴闻达译为"天地是不人道的"（Le ciel et la terre sont inhumains），带有二元论色彩；安乐哲理解为"对体制性道德没有偏私之心"（not partial to institutionalized morality）。注家多强调天地大慈大爱，没有偏差，如同《周易》以天道"生生"为至德、至善之本。

straw dogs (for sacrifice). The Sage has no particular affection; he looks upon all the people as straw dogs (for sacrifice).

The being between heaven and earth is like a forge bellows that is empty and not exhausted, which is set in motion and produces more and more (wind).

One who talks a lot (of the *Dao*) is often silenced. It is better to maintain one's centrality.

【解意】

《道德经》的不同章节，是老子在感通先天丹意的状态下缓缓流出来的，只是在不同的时空条件下，文字的表述有所不同而已。天地之道的本体无情无爱，万物生成毁灭，生生灭灭，运化不止。正如庄子鼓盆而歌，感慨妻子气化归天，因为感通天地不仁，而感悟到悲伤哭泣不过是小情小爱，远非天地的大仁大爱。

天地没有人间的仁爱之意，道体运行也不会表现出仁慈或仁爱的情怀，这点与儒家强调的仁爱可以说恰恰相反。修丹之人，不执着于仁慈与凶残、赞誉与诋毁的区别，也不以个体私心私意的立场去好恶或揣度自然之丹的运化。修丹之人，证丹之意，可以实现如庄子所言"举世誉之而不加劝，举世非之而不加沮"的修丹之境。

以修丹的心意面对一切未知的事情，近似于以道意之境自在地面对所有可能发生的事件。证丹之人即使如一介草民，也不担心面对屠刀可能发生的生死之变，好像感通天地不仁，生死一体，早已将生死置之度外。可见，修丹之意可以超越此生的生死，而修证的意丹可以跨越时空，在另外的时间和空间状态当中，以道意的其他形式呈现出来。如此一来，丹意看似柔弱，却足以战胜世间一切暂时存在的刚强，这就是为何世世代代的修丹之人都通过内省和自我修炼来达到精神的升华乃至永生。

# 第六章

玄牝之门　绵绵若存

【原文】

谷神①不死，是谓玄牝②。玄牝之门③，是谓天地根。绵绵④若存，用之不勤⑤。

【中译】

虚无而神妙的道体变化永不穷竭，这是玄妙的万物之母。幽玄深妙的母性之门是天地化生的本根。道体隐微而冥冥不绝，空虚无迹而如有实体，无为不劳却运化无穷。

【法译】

L'Esprit de la Vallée ne meurt pas: tel est le sens de la Femelle obscure (Féminin obscur ou Matrice obscure). La porte de la Femelle obscure est comprise comme étant (supprimer) la racine de Ciel et Terre. Ininterrompue, elle paraît durer toujours. Son usage ne l'épuise pas.

① 谷有中空、空虚之象，神有神妙变化之意。谷神就是道的空灵、神妙变化的形象化，进而引申为生养之神，英译偏精神之力（spirit），法译为生命精神之源（L'esprit de la vallée）和生命之力（life force）。

② "玄"本义是深黑，因黑暗而生幽深、悠远、深沉、神妙之意。"牝"本义是雌兽，喻"道"体如母体，有玄深神奇的创生之力。玄牝是能够生养万物的玄妙母体。英译为"dark famility"（幽深之母性）或"dark female"（幽深之女性），法译为"la Femelle obscure"，或英译为"mysterious female"（神秘女性），法译为"le Mystérieux Féminin"，也有译为"dark deep womb [mieux]"（深沉的子宫）。

③ 一切之有皆来自玄妙的生产之门。玄妙的门是道的通道，也是生生之气进入世界的必经之路。谢林反对黑格尔将老子之"道"理解为"理性"，认为应该指"门（Porte）"，悟"道"即开"门"。

④ "绵绵"描述"玄门"发动后连绵不绝，生命力无穷无尽，道好像如此这般存在一样，如是（英译 suchness，法译 Ainsi）这般，本来如此，修行者通达"玄门"，调息养生，导引生气，存之不失，以延年益寿，修炼者多通此理。

⑤ "用"指道创生万物之用。"勤"为"尽"意；英译"exhausted"（用尽），其他如"runs dry" "wear it out"；安乐哲译为"bottomless"，法译"usage"有"使用"之意，其他用法如"puiser"（挖掘）。

【英译】

The Spirit of the Valley does not die: This is what is meant by the Dark Female. The door of the Dark Female is understood to be the root of Heaven and Earth. Uninterrupted, it seems to last forever; used, it is never exhausted.

【解意】

广袤无垠的天地万物好像产自巨大幽暗的生殖载体，这种神秘的母性之力，似乎具备绵绵不尽的大爱之情，生成运化万物，与人的意识交接感通，好像呼吸绵绵不绝，久进久出，吐纳代谢，无休无止。

大地坤道的代表色是米黄色，如人体脾胃的微黄色，好比"黄中通理"的内丹，在身体中的气象，常用来比喻中华文明之中道，能够化生万物，生生不息，永无穷尽。身体得大地的生机，可以修得谷神不死身，而要追溯这种生机的来源，须体会"玄牝"的巨大力量，好像厚德载物的大地之坤德，是一切存在的根基。大地无穷无尽的生殖大力被喻为玄牝，也称玄关，是阴阳往来之门户，天地造化之枢纽。在人身修炼过程中，就隐藏着道家神秘莫测的阴阳修行奥秘。阴阳交接，必经玄门，舍此别无他途。成就意丹，必寻玄门之道，好像打坐的时候进入混沌无知、思想寂灭的状态，忽而觉动，静中真意现前，如同领悟天地之根的境界。

老子把道比喻为"玄牝之门"和"谷神"，并说"可以为天下母"，不少研究者认为，道家具有母系氏族社会原始宗教的特征，尤其是道教产生之后，女性崇拜的原始宗教特征似乎更为丰富。笼统来说，道家、道教和丹道都具有母性文化渊源，可以理解为原始社会母系氏族公社时期的宗教传统的印记。

在这个意义上说，道家哲学或许可以追溯到母系氏族社会女性部落酋长的政治经验。在母系氏族社会中，老祖母占主导地位，部族成员皆其子孙，以血缘纽带联系在一起，女性普遍受到社会尊重，女性领导者治理部落的政治传统，当以慈爱、寡欲、不争、贵阴、尚柔、自然无为等方式为主，《道德经》中"其政闷闷，其民淳淳"（第五十八章），"一曰慈，二曰俭，三曰不敢为天下先"（第六十七章）等内容，似乎都带有母系氏族公社的治理特征。

　　新道学应该成为 21 世纪绵绵不绝的文化战略之门。道的回归和复兴，因时变易，道学的复兴可以说是"龙文明"的复兴之象，在价值观上可以引领全人类前进，这是神妙而永不穷竭的文化力量。

第七章

天长地久　后身而先

【原文】

天长地久。天地所以能长且久者，以其不自生，故能长生。①

是以圣人后其身而身先，外其身而身存。非以其无私②邪？故能成其私。

【中译】

天长存着，地恒久着。天地之所以会长远而永久地存在，是因为其一切运作都不是为了自身，所以能够长远而永久地存在下去。

正因为如此，圣人总是自居人后，结果反而得到民众的尊崇；总是将自己置之度外，结果却能保全自身。这难道不正是因他没有私心吗？所以他才能成全自己。

【法译】

Le Ciel est sans fin et la Terre perdure. Si le Ciel est sans fin et la Terre perdure, c'est qu'ils ne vivent pas pour eux-mêmes. Voilà pourquoi ils peuvent vivre sans fin.

Ainsi le Sage se place en retrait et pourtant est mis en avant. Il se met à l'écart et pourtant demeure présent. N'est-ce pas parce qu'il n'a en vue aucune fin personnelle, qu'il réalise sa propre fin personnelle?

【英译】

---

① 天地丹意无始无终，私心私意有始有终。悟道是一个超越有限私我，走向无私大我的过程，是无意于其存在（do not conceive of their existences as existences）的状态。"天长地久"，儒莲法译为"天地是永恒的"（Le ciel et la terre ont une durée éternelle），戴闻达译为"天存在很长时间，地球是可持续的"（Le ciel subsiste longtemps et la terre est durable）。皮埃尔·莱利斯译为"天很坚硬，地依旧存在"（Le ciel dure, la terre persiste）。"以其不自生"，安乐哲译为"does not live for itself"。

② 道体本身无始无终，而天地有始有终，圣人学习天地、效法大道发用的丹意，圣人要学习天地丹意的发用，不用私心私意去占有而完成自身的存在，即无欲于己（It has no desires for itself），安乐哲译为"withdraw their persons from contention"，儒莲译为"没有私人利益"（'il n'a point d'intérêts privés），戴闻达译为"没有个人偏好"（il est sans préférences personnelles），皮埃尔·莱利斯译为"没有自己"（il est sans moi propre），我译为"没有个人的目的"（il n'a en vue aucune fin personnelle），突出非目的性、无目的性、无终极目标感。

Heaven is endless and Earth is enduring. If Heaven is endless and Earth is enduring, this is because they do not live for themselves, and thus they can live without end.

Hence the Sage places himself behind, and yet is put forward. He stands aside, and yet remains present. Is it not because he has no personal end in view that he achieves his own personal ends?

【解意】

天地长久存在，无所谓有限或无限，也无所谓自私或无私，万物无论长生还是短寿，皆是过客。静默之间，神会一切存在之流，当下体认道体的实存和道体存续的状态。能够意识到天地似乎从来不为自己的生存考虑，似乎总是以万物为其生生存续之旨趣，所以万物才能自化，才能生生不息。

可见生生不息的生物气象，意味着合道的万事万物是不需要算计的，是顺应的、自然而然的。反观芸芸众生，那些时刻算计的人，可能数年就精枯气焦，甚至魂飞魄散，可谓费尽千辛万苦，却因为不能合道，所作所为最后都反噬自身。比如山珍海味，可以逞口腹之快，但吃得太多，反而很快动于死地；养生过厚，反而伤害生机；凡一团体、一组织、一机构，私心过度，皆易伤害自身。

第八章 上善若水 不争无尤

【原文】

上善若水。

水善利万物而不争①，处众人之所恶，故几于道。

居善地，心善渊，与善仁，言善信，政善治，事善能，动善时②。

夫唯不争，故无尤。

【中译】

天下极致的善好像水一样。

水善于滋润万物，而不与万物相争，停留在所有人都厌恶的地方，所以水最接近"道"。

选择居处要善于随遇而安，调节心境要善于沉静渊深，与人为善要表现仁爱，言说沟通要善于讲求信用，施政治国要善于精明简治，做成事业要善于尽人所长，付诸行动要善于把控时机。

正是因为从不与外物相争，所以就不会招怨引咎。

【法译】

La suprême Bonté est comme l'eau.

L'eau excelle à faire du bien aux êtres et ne lutte point. Elle habite les lieux que déteste la foule. C'est pourquoi (le sage) approche du Dao.

Ce qui fait la bonté, c'est: pour l'habitation, un bon terrain; pour le cœur: la profondeur; pour l'acte de donner, l'humanité; pour la parole, la sincérité; pour l'art de gouverner, l'ordre; pour l'œuvre, la capacité; pour l'action, le moment favorable.

Qui ne rivalise avec personne est sans reproche.

【英译】

The supreme Goodness is like water.

---

① 老子专注于水有"不争之德"（英译 Noncompetitive Values，法译 Valeurs non compétitives）。
② "时"是时机，"动善时"是把握"时"（英译 right timing，法译 Le bon timing）去行动，使自己的行动符合丹意自然呈现的时机，与时迁变，应物而化。

Water excels in doing good to beings and does not struggle. She lives in places that the crowd hates. This is why (the sage) approaches the *Dao*.

That which makes goodness is: for habitation, a good piece of land; for the heart, depth; for the act of giving, humanity; for speech, sincerity; for the art of governing, order; for work, capacity; for action, a favorable moment.

One who competes with no one is beyond reproach.

【解意】

《道德经》蕴含的柔性崇拜有深刻寓意。"牝""母""谷神""水"这类阴柔语汇的根本旨意，在于肯定谦下、静笃、柔弱等属性，借以表达不知其名的"道"的发用、迹象和彰显。这是因为老子穿透宇宙天地纷纭的万象，独具慧眼地捕捉到了一股阴性、柔性能量的巨大功用。因为无法用具体的言语描述出来，所以用水来打比方。几于道的水性是顺应、随缘的，动静合乎时势，因起伏开阔，应物缓急变化，顺势而动，从容自若，看似柔弱处下，实则不必争、不能争。可见，修道如水，要顺其自然本来之情势，不去勉强，也不抗逆，这正是道家无为的内在要义。

心理治疗重要的治疗原则是顺其自然。当一种心理不适的症状出现时，不要去对抗它，而要去面对它、接纳它、承认它、理解它、化解它。通常来说，越是烦躁对抗，症状可能会越严重。正如躯体具有强大的自愈潜力，人的心理疾患和创伤，大部分应该也是可以自愈的。强迫症和偏执症患者看似追求完美、事事要求绝对，其实是一种执着，对事物有强烈的控制心，希冀凡事都要按照自己的意志运行。

当一个人遭遇到惨烈的境遇时，当不可抗拒的灾祸降临在自己头上的时候，要如流水一般应对，不可惊慌失措，不要徒劳挣扎。如果内心能够坦然接纳、承认发生的一切，那么改变境遇的可能性往往会比预想的大得多。逆来顺受在道家心理治疗学上往往被赋予积极正面的意义。人生的许多事情和问题发生之后，并不需要特别急于寻找解决办法，更重要的是，找到合理的应对态度。

事件的发生，往往与心念、意识和信念有关系，也都是与情绪相互作用的结果，其中心念是根本、意识是法门、信念是关键。面对同样的不幸遭遇，一旦当事人的态度、信念转变，其情绪和行为的结果、体验通常是截然不同的。所以修道的品德如同水一样，理解水的境界，像水一般生存，其实就接近于"道"了。如水一般修丹，其实是幸运的，也只有像水一样，德道之才，兼备道德，才能文武双修，生成、滋养、发展，化道心入德身。

第九章

持盈守弱　功成身退

【原文】

持而盈之，不如其已；① 揣而锐之 ②，不可长保。

金玉满堂，莫之能守；富贵而骄，自遗其咎。

功遂身退 ③，天之道。

【中译】

执持着以至于盈满外溢，不如适时而止；锤炼着以至于显锋露芒，无法让锐势长期保持。

家中金玉满堂，无人有力长久持守；恃富贵而骄矜，于是自己招致祸患。

成就功业之后，就得退藏收敛，这才是合乎天道的合理表现。

【法译】

Mieux vaut renoncer que retenir et remplir. Quand bien même on martèle et aiguise sans cesse une lame, elle ne peut garder longtemps son tranchant.

Une salle remplie d'or et de jade, personne n'en peut maintenir la sécurité. Étant riche et honoré, on devient arrogant et on prepare alors sa ruine.

Se retirer lorque l'œuvre est accomplie: telle est la Voie du Ciel.

---

① 意念之发适可而止，应该及时中止（英译 wish you had stopped in time，法译 J'espère que tu arrêtes à temps）。

② "揣而锐之"指锤击利器，使之又尖又锋利，但这种磨砺会导致过分锋锐，是一种"坚持极端"（英译 insists on an extreme，法译 Adhérer aux extrêmes）的做法，是缺乏预见性的错误判断和盲目坚持，应该主动避免和止损。

③ 功遂身退是保身之道，因成延伸了身意的界限，但如果功劳过大，可能伤及他人，所以"成"的界限很难把控，一般译成"完成任务并取得成功"（英译 achieving success and performing duty，法译 Réussir et remplir ses responsabilités），但也有说当"正好"（英译 Just enough，法译 C'est suffisant）讲，所谓"正好"，其界限恰恰是很难把控的。丹意没有分别心，可以通过詹姆士"纯粹经验"（pure experience）去拥抱和体验它的存在，也可用康德"纯粹直观"（英译 pure intuition，法译 Une expérience pure），或者牟宗三"智的直觉"来直观丹意的生成和变化。

【英译】

It is better to give up than to hold on and fill up. Even if a blade is hammered and sharpened incessantly, it cannot keep its sharpness for long.

When a room is filled with gold and jade, no one can hold onto it. The wealthy and honored who becomes arrogant prepares his ruin.

The work done, one withdraws: this is the *Dao* of *tian*.

【解意】

道体无法直言，只有用有形的水来比例，可见以水喻道，实在是不得已而为之。但思考为什么要取法于水，可以感悟出行自然之道的大智慧。水有"善利万物而不争""处众人之所恶"的品德，老子有"七善"之说，"居善地，心善渊，与善仁，言善信，政善治，事善能，动善时"。如果能够如水一般，做到这七个"善"的话，那行事之道其实就跟大道运行的状态很相近了。如果修身养性、待人接物皆合于道，以道来治国平天下，就可以无往不利。

领悟人间成事之道，相当不易。在顺境当中，一切都顺风顺水的时候，不可流连忘返，要知道木秀于林，风必摧之，名满天下，则谤亦随之，任何成功都暗藏隐患，正如花开必会谢，月圆之时已经开始月缺，大自然中的一切事物，都是物极必反、周而复始的。《周易》的乾卦用龙的六种状态比拟自然变化过程——初九"潜龙勿用"，龙潜在水下不能发挥作用，好比种子的潜能还没有随生长发挥出来；九二"见龙在田"，龙出现在田野里，好比种子已经开始萌芽；九三"君子终日乾乾"，代表在前进的道路上，修道之人每天从早到晚都要小心谨慎，警惕各种可能的潜在风险；九四"或跃在渊"，说明事物已经开始按照正常的轨迹运转，有了上升的空间，也有放手一搏的胆气；九五"飞龙在天"，龙飞上天，代表事物发展到顶峰状态，人修炼到与天和谐的境界；上九"亢龙有悔"，龙飞得太高，必然要有悔恨，说明物盛则衰，最终必然走向枯萎凋敝。

知足知止，乃是人生意识控制的最高境界。如果形势已经不可保持，却还勉强自己，或者在不可控制的形势下，还要强行制约，那么结局可能就会很危险了。这是因为走到了事物发展的极点、末端，却还没有意识到，也没有采取行动、自我反思和控制，那样就只有被迫面对"反者道之动"的后果。因为事物发展到了极点，就会加速向其反面发展。人间诸多困厄之境，大多源自己不知满足，一味进取反而自扰。所以韬光养晦、功成身退有其大智慧，这种自我保护的智慧其实值得深思并付诸行动。

第十章 抱一致柔 生而不有

【原文】

载营魄抱一，能无离乎？专气①致柔，能婴儿乎？涤除玄览，能无疵乎？爱民治国，能无为乎？

天门②开阖，能为雌乎？明白四达，能无知乎？

生之畜之，生而不有，为而不恃，长而不宰，是谓玄德③。

【中译】

附在形体上的阳魂阴魄需要抱合为一，能够不分离吗？专心致志持守天真元炁，保持柔和心境，能像婴儿那样吗？涤除清扫玄妙心镜（玄观妙有），能够澄澈无瑕吗？关爱人民，治国理政，能不用机心智谋吗？

语默动静之间，运用天然的感官和天地沟通，能致虚守静吗？内心明白通达一切，能不用心机吗？

万物生生，顺道而化，因道而长养，道生长万物而不强加己意，道兴作万物而不逞自能，道长养万物而不意图主宰，这就是幽深玄妙的"德"。

【法译】

En unifiant ton souffle vital à ton corps, peux-tu obtenir qu'elles ne se séparent pas ? En rendant ton souffle égal jusqu'à douceur, peux-tu devenir comme un nouveau-né ? Peux-tu purifier ta vision intérieure jusqu'à la rendre immaculée ? En aimant le peuple et gouvernant l'État, peux-tu demeurer dans le sans-agir ?

En ouvrant et fermant les portes du Ciel, peux-tu jouer le rôle du féminin ? En

---

① "气"，通常英译为"vital force"，法译为"L'âme spirituelle"，或者选择音译"qi"。

② "天门"通于天地丹意，"门"有开关出入之意，一说感官开窍处，一说心机，以意来控制气息从窍出入。"天门"是天赋之门（窍），是天地自然之门在人身上的体现，即九窍如耳目口鼻等感官；也是心意之机，即心的机巧和控制意念的机括，通过意念可以控制窍门气息，与天地交通。"天门"一说为前额之天眼，一说为九窍，英译为"heavenly portal(s)"，儒莲译为"les portes du ciel"（天空之门），戴闻达译为"les portes naturelles"（自然之门）。"天"不是超绝（transcendent）的存在，而是世界运行的中心，是生命的过程。

③ 玄德是幽深而玄妙的德，英译为"profound and secret virtue"，法译"la Vertu mystérieuse"近之。天地丹意因有此德性而有此德行。

comprenant tout ce qui se passe dans les quartiers du monde, peux-tu demeurer dans le non-savoir?

Donner la vie et élever, aider à vivre sans s'approprier, œuvrer sans rien attendre, guider sans dominer, le cœur secret de la Vertu.

【英译】

By making your spiritual soul and your corporeal soul unite, can you make them not to separate? By making your breath even to the point of sweetness, can you become like a newborn baby? Can you wash and cleanse your intimate vision until it becomes immaculate? By loving the people and governing the state, can you not act?

By opening and closing the gates of Heaven, can you play the female role? By understanding everything that is going on in the neighborhoods of the world, can you be as if you know nothing?

To give life and elevate, to help to live without appropriating, to work without expecting anything, to give birth without dominating, this is the Intimate Virtue.

【解意】

老子贵弱主柔，水和婴儿都是老子常用来比喻柔和弱的。物需要柔软到极处，才能顺应变化，才能显示出对外界变化有极强的适应能力。道家修炼的目的是使身体柔和，气息柔和，心性柔和，从而顺应万物，并以柔弱胜刚强。道家通过修养自己心性的柔韧感，在起心动念之时去掉各种心智技巧、私心欲望，从而时刻收敛神气，使自己以柔和之表化解世间的纷扰争斗。

修丹需要扫除后天的思虑猜度，让先天的道意真实自然地显现出来，让识神退位，元神主事。道家内丹学是人类灵性思维的伟大发现。丹有神意，即通神一般的灵妙真意。元神发动，对应的意识状态犹如明镜照物，"真意"是元神本然的无意直觉，是一种无差别的、没有特别关注但很敏锐的注意力，甚至是淡漠的，一视同仁的，无所觉而又无所不觉的，让对象自我呈现，自我消失，自生自灭。换言之，真意所照，是让对象如如其如、不夹杂后天打量揣度的本意天然呈现,是无价值的、无功利的、不分好恶的、心与对象合一的心通物态。人的后天意识是连续的、前念后念相关联的,甚至是可以逻辑追溯的,但"真意之意"是纯粹自然的、当下的、非压抑、非掩饰的,不犹豫、不分辨、不做作,不是前念的延续,也不是后念的依据,它甚至不是一种常识意义上的念,这个"真意"比念要隐淡、比一般的觉要清晰,它就是元神的当下出场,其出场干脆利落、无牵无挂,其实,真意就是"神通"。

此章关乎内丹修养的基本次第,指出精气神药物螺旋上升的基本路径。从营魄筑基得药起步,可谓九级功夫一一道出。主旨是融有为于无为之中,回复到婴儿般的先天明意,交通于天地精神,天地并生,万物为一。当心和身时刻不离柔韧无穷的真意时,就能主宰自己的生命,修成意丹,犹如万物自然归附大海一般。是否时刻修意成丹,是人能否做自己意识主人的关键,通俗的话就是,人的意识力量取决于其精神状态和意志力。

第十一章　有之为利　无之为用

【原文】

三十辐①共一毂，当其无②，有车之用。埏埴以为器，当其无，有器之用。凿户牖以为室，当其无，有室之用。

故有之以为利，无之以为用。

【中译】

三十根辐条都聚集在一根轴毂上，正是因为车毂中间是空无的，所以才能发挥车轮的作用。揉和陶土做陶器，正是因为陶器中间是空无的，所以才能发挥器皿的作用。房子需要凿出门洞和窗户，正是因为房子中间是空无的，所以才能发挥居室的作用。

于是，虽然"有"带给人便利，但正因为"有"中有"无"，所以"有"才能发挥其作用。

【法译】

Trente rayons autour d'un moyeu: le vide fait l'usage du chariot. On moule l'argile en forme de vase: c'est par le vide que le vase trouve son usage.

Une maison est percée de portes et de fenêtres: c'est par le vide que la maison trouve son usage. Ainsi tirons-nous avantage de quelque chose: mais c'est le rien qui en permet usage.

【英译】

Thirty spokes around a hub: the central void makes the cart useful. Clay is moulded into the shape of a vase: the void of the vase makes it useful. A house is pierced with doors and windows: these voids are the usefulness of the house.

In this way we take advantage of something: it is the nothing that makes it useful.

---

① 辐是连接车轮中轴心和外轮圈之间的木条，有集合（英译 unite，法译 Solidarité）也有分享（英译 share，法译 Partager）之义，带有从多向一聚拢的意味。

② "无"指轴毂中间的虚空，因轴毂中空，车轴才能转，车才能用。"无"是在场（英译 presence，法译 Présence）现象的一部分，永不会从现象界缺席（英译 absence，法译 Absence）。

【解意】

有与无的关系是阴阳对应统一。人能够创造出自然界没有的器物，靠的是把握和意会道的本源性的创生能力。对大道的意会不能靠人的私心私意，而需要意会天地本来、自然的本意。人的主体性创造实践活动离不开先天道意的运行。修丹的过程既是合乎目的性的，也是合乎自然规律性的。人通过修丹成为自身命运的主人，该过程是人心之私与先天道意努力修行至高度契合的过程。

三十根辐条聚集在车轴上，靠的是车轴中心有空虚之处，车轮才能正常运转，车这才可以真正发生作用。搅拌揉捏泥土做成器皿，因为器皿中间有空虚的地方，所以才"有"盛放东西的功能，于是器皿才能"有"作用。修建房屋需要开凿门窗，因为房屋中"有"用来摆放家具、居住的空间，所以房屋才能真正"有"用，由此可见，"有"带给人便利，是因为有"无"和"有"相匹配，所以"有"才有用。

老子反复强调"无"是有作用的，第一章"无名天地之始""常无欲以观其妙"，第五章"天地之间，其犹橐龠乎"，第六章"谷神不死，是谓玄牝"，说的都是无、中空、虚的大用，天地不可能开始于某种具体的事物，所以必然要从"无"开始，道的作用需要在有和无之间体现。因为天地的中间是空的，所以才有了四时和万物，存在之物的"有"都因中空才能"有"用，造具体的器物是如此，做抽象的事情也是这样。

"无"因其抽象，似乎比"有"要宽广得多，而强调"无"的哲学，似乎也深刻得多。"无"是无对象的、非所指的，而"有"是具体的、对象化的、有所指的。"有"的产生，都是以"无"的存在为前提。人类知道的东西很少，而不知道的东西很多。人在世间存在的过程非常短暂，跟宇宙相比，人生不过只是沧海一粟，而世间的知识无穷无尽。修身治国也是一样的道理，人民"有"足够的"无"的空间和自由，才能创造出"有"用的东西。

大千世界空来空无，主体需要空掉自我，才能去掉我执，空掉佛法，才能破除法执。世界存在的真正本体不立一尘，什么都没"有"。所以我们"有"六根，能够感知到物的"有"，但还要用反道之心，去体知物的"无"。就存在状态来说，知道事物"有"和"无"两样都具备，才能够意会并利用这两种存在状态的转化之力。

第十二章　心不外驰　去彼取此

【原文】

五色令人目盲；五音令人耳聋；五味令人口爽；驰骋畋猎，令人心发狂；难得之货，令人行妨①。

是以圣人为腹不为目，故去彼取此。

【中译】

沉溺在五彩缤纷之中，会令人眼盲不明；沉溺在五音淆乱的音调中，会令人耳聋不敏；沉溺于五味珍馐中，会令人失去味觉敏感；沉溺于驰逐狩猎之乐，会令人心狂意乱；沉溺于珍稀货财的欲求中，会令人的行为偏离正道。

于是，圣人只求饱腹，从不追逐声色之娱。因此会摒弃外物的诱惑，以确保内心安静虚无。

【法译】

Les cinq couleurs gâte l'œil de l'homme. Les cinq notes gâte l'ouïe de l'homme. Les cinq saveurs gâtent le goût de l'homme. Les courses et les chasses égarent le cœur de l'homme. La recherche des biens difficiles à obtenir conduisent l'homme à se nuire.

Aussi le Sage s'occupe-t-il du ventre et non de l'œil. C'est pourquoi, il rejette ceci et choisit cela.

【英译】

The five colors blind man's eye. The five notes deafen man's hearing. The five flavors spoil man's sense of taste. Races and hunts lead man's heart astray. The search for goods that are difficult to obtain leads man to harm himself.

Therefore the Sage is concerned with the belly and not with the eye. That is why

---

① "行妨"是做出伤天害理的行为，以致伤害品性和操行，进而破坏众人的品性和节操。英译为"injure one's activities"或"impede their owner's movements"，法译为"Les biens difficiles à acquérir entravent la conduite de l'homme"或"Les biens d'une acquisition difficile poussent l'homme à des actes qui lui nuisent"。

he rejects this and chooses that.

【解意】

　　人要想整体领悟先天道意，以意生丹，最大的障碍无疑是后天的声色耳目之娱淫。历史上的哲学家多将物质性的存在视为精神提升的障碍，比如很多哲学家认为，感性认识是理性认识的障碍，宋明哲学家普遍认为，气质之性是领悟天地之性的阶梯。在科学主义盛行的当下，人类天赋的某些深厚潜能反而隐遁消失了。文明进步的代价高昂，是进步还是退化，孰是孰非，难有定论。明哲教导世人之旨意似乎总与人间尘世生活的常识相反。凡人之所嗜好，正是道家明意修炼之所恶，人所贪恋者，通常也是道家丹道修行所要抛弃的。有道之真人修内不修外，为内在之腹，不为外在之目，尽内在之性，不穷外在的理。

　　如果贪淫好色，就容易伤精失明，以致无法看见无色之色。如果好听五音，就容易乱气去心，以致无法听到无声之声，爽是亡的意思。如果人耽溺于口腹之欲，就会失去味觉的敏感。说话离开大道，则言而无味，不知所云。人的精神偏好安静，让身心气息安宁，如果呼吸驰骋消散，则精散神亡，这就是心意发狂。妨是伤的意思，难得之货，指的是金银珠宝，如果人的心中充满贪欲，不知餍足和止步的分寸，就容易伤身取辱。

　　可见，人应该守住内在的五性，去掉外在的六情，节制自己的志气，蓄养精神，使气清神明。如果目不妄视，就不会泄精气于外。所以不要眼目乱观，收摄气息，似乎养性于腹，无待外求。圣人的生活要求很低，只维持适当的生活水平，绝不追求过分的装饰，而且要主动断舍离，把外在的装饰、修饰都剥蚀去除，从来只以本真的性去经受此生之命。

　　本来眼用来看色彩，耳朵用来听声音，口用来品尝味道，心用来了解事物，行用来维持生存，那为何五色、五音、五味、驰骋畋猎、难得之货会让人的视觉、听觉、味觉、心意和行为都发生错乱、失去正常的功用呢？耳朵的本性是用来听声音，但声音太乱就会伤害本性；眼睛的本性是用于看颜色，但色彩太多看不过来，眼睛的本性就被伤害了；嘴巴的本性是用于品尝味道，但口腹之欲过度，口就不再能品味了。心的本性是想事情，但事情太多，心烦意乱，就会乱了心志。这些本来是自然赋予人的品性，如果不顺应自然，过分沉溺于五音、五色、五味、驰骋畋猎和难得之货，反而会伤害本性，就会盲聋爽狂，纵性乱情，失性败身。

单独看红黄蓝白黑各色，都容易看清，但花花绿绿看多了，就会眼花缭乱。单纯听声音也清晰明白，可是呕哑嘲哳的声音听多了，就会耳鸣心乱，神情萎靡。单纯品味食物，各有其味，但满汉全席般山珍海味会让人难以承受，甚至再也尝不出好味道了。品酒师喝酒很少，因为需要保持最佳的味觉状态，甚至品酒过程中要喝白水来去味。可见，越简单的味道就越本真，越单纯的生活就越幸福。

第十三章

宠辱不惊 无身无患

【原文】

宠辱若惊，贵大患若身。

何谓"宠辱若惊"？宠为下①，得之若惊，失之若惊，是谓宠辱若惊。

何谓"贵大患若身"？吾所以有大患者，为吾有身，及吾无身，吾有何患？

故贵以身为天下，若可寄天下；爱以身为天下，若可托天下。

【中译】

得宠和受辱都好像感到惊惧，那是因为把外在得失的大祸患看得跟自己的身体得病一样重要。

为什么在得宠和受辱的时候都应该感到惊惧？因为得宠也不见得是好事，所以得到荣宠就当警惕心惊，失去恩泽的时候当然要警惧清醒。这就是无论得宠还是受辱，心中都应该感到惊恐惕惧。

什么是把外在祸患看得跟自己身体一样重要？一个人之所以会有大的祸患，那是因为他意识到自己占有身体；如果一个人意识到自己不再占有身体，那他怎么还会有祸患呢？

于是，如果有人把自己的身体看得比获得天下还重要，才可以把天下托付给这样的人；如果有人爱惜自己身体超过天下，就可以把天下托付给这样的人。

【法译】

Faveur et disgrâce provoquent l'agitation ou sont des agitations. Chéris tes plaies comme ton propre corps.

Que signifie "Faveur et disgrâce provoquent l'agitation ou sont des agitations"? La faveur élève et la disgrâce abaisse. Celui qui obtient la faveur à l'air de s'agiter; celui qui la perd à aussi l'air de s'agiter. Tel est le sens de "Faveur et disgrâce sont des agitations".

Que signifie "Chéris tes plaies comme ton propre corps"? Ce qui fait que j'ai une large plaie, c'est que j'ai un corps. Si je n'avais pas de corps; quelle plaie pourrais-je

---

① 得宠和受辱都有损自我尊严，都使人丧失人格的整全性（英译 integrity，法译 Intégrité）。

encore avoir?

Ainsi celui qui chérit son corps plus que le pouvoir ou l'empire, celui qui aime son corps plus que le pouvoir, celui-là peut se voir confier le royaume.

【英译】

Favor and disgrace are like things that startle. Cherish a large wound as it were your own body.

What does it mean that "Favor and disgrace are like things that startle"? Favor elevates and disgrace lowers. He who obtains favor seems to be startled; the one who loses it also seems to be startled. This is the meaning of "Favor and disgrace are like things that startle".

What does it mean to "Cherish a large wound as it were your own body"? What makes me have a large wound is that I have a body. If I had no body, then what wound could I suffer from?

Thus he who cherishes his body more than power or empire, he who loves his body more than power or empire, can be entrusted with empire.

【解意】

人的常态世情是为此身的需求而奔忙，并因此产生忧患、宠辱、惊慌之相。人若可以超越现实肉身的苦乐制约，则心头大患自然荡然无存。凡人在未修道时，皆是凡胎俗子，故要成丹，就要以此身为基础，不断提升转化，所以身体是修养丹道的载体。

可是，因为身心一体，身体的状态容易受到各种外来祸患的干扰。禅定打坐之时，如果凝神难以入气穴，则先天丹意迟迟不能生发，此时便觉身体是结丹之碍。修丹就是要让魂魄能量高度聚集，通过炼虚合道，进入先天明意主宰的状态，超越实体性的身体存在，实现丹意神游，明白四达，来去自在。既然已经超越了生死，那还有什么祸患呢？

从另一个意义上说，修丹也是修苦，苦难的人生其实就是一个修行的旅程，人生的"道"其实是在苦难中修出来的。一个修行人如果没有修养成超越具身的不坏真身，那就可能永无患难终结之日。无此真身，则此凡胎肉身就会永无安宁之时。可见，要放下后天身意而合于大丹之意，让此微小身躯融汇进先天地生生的大身，这是道家身心一体的身体观。

第十四章 执古之道 御今之有

【原文】

视之不见，名曰夷①；听之不闻，名曰希；搏之不得，名曰微。此三者不可致诘②，故混而为一。

其上不皦，其下不昧，绳绳兮不可名，复归于无物。

是谓无状之状，无物之象，是谓惚恍。迎之不见其首，随之不见其后。

执古之道，以御今之有。能知古始，是谓道纪。③

【中译】

用眼睛去看道却看不见，所以道是无相的"夷"；用耳朵去听道却听不到，所以道是无声的"希"；用手去摸道却摸不着，所以道是无形的"微"。这三方面都无法穷究追问，因为道本来就混沌不分，合而为一。

这个混沌的整体之道不显如"无"也无所分际，显现为"有"也不阴沉晦昧，它细微幽隐，绵延不绝，但又无法名状，看似有形，但又回归于无迹。

这叫作没有形状的形状，看不见物体的物象，这叫作似有若无的"惚恍"。迎着它看也看不到它的前头，跟着它看也看不见它的后头。

如果把握好自古就早已存在的"道"，就可以驾驭现实存在的事物。如果能了知宇宙的源始，就可以意会大道的纲纪。

---

① "夷"是无相无色而超越视觉（英译 elusive，法译 Insaisissable）；"希"是无声超越听觉（英译 inaudible，法译 Ne pas entendre）；"微"是无形超越触觉（英译 intangible，法译 Invisible）。都说明"道"只可意会，无法言传（英译 evasive，法译 Éviter）。

② "诘"是治道隐幽难显、超言绝相（英译 beyond determination，法译 Impossible de déterminer），不可思议。这三方面都无法穷究追问，因为本来就混沌不分，但不是三合一，翻译成"三位一体"（英译 trinity，法译 La Trinité）不合适，刘殿爵译成"These three cannot be fathomed. And so they are confused and looked upon as one"较为合理。安乐哲译成"inseparably one"，儒莲译成"Ces trois qualités ne peuvent être scrutées à l'aide de la parole. C'est pourquoi on les confond en une seule"，戴闻达译成"Ces trois qualités ne peuvent être scrutées davantage, car, confondues, elles ne font qu'un"。

③ 《道德经》中持续（英译 permanence，法译 Permanent）的开端与时间融为一体；而奥古斯丁的神圣开端是外在于时间的，其永恒（英译 eternity，法译 L'éternité）超越时间。

【法译】

Ce qui, le regardant ne se voit pas, se nomme l'invisible. Ce que, l'écoutant ne s'entend pas, se nomme l'inaudible. Ce que, le touchant ne se sent pas, se nomme intagible. Ces trois qualités relèvent toutes de l'imperceptible: c'est pourquoi elle se confondent en une.

Son dessus n'est pas lumineux, son dessous n'est pas obscur. Opérant en une suite infinie d'effets, elle ne peut être nommée et retourne ainsi à l'insubstantiel.

Forme sans forme, image sans image, insaisissable, elle fuit les appellations. Allant au-devant d'elle, on n'en voit pas la tête ; la suivant, on n'en voit pas le dos.

Qu'on s'attache à la Voie de jadis et on aura la maîtrise de ce qui gouverne l'aujourd'hui. Car pouvoir connaître l'ancienne origine, cela s'appelle avoir en main le fil de la Voie.

【英译】

What we do not see when we look at it is called the invisible. What we do not hear when listening to it is called the inaudible. That which, touching it, one does not feel, is called the impalpable. These three qualities are inscrutable: that is why they merge into one.

Its upper part is not luminous, its lower side is not dark. Operating in an infinite series of effects, it cannot be named, and thus returns to the insubstantial.

Form without form, image without image, it flees from appellations, not allowing itself to be grasped. Going to meet it, one does not see its head; following it, one does not see its back.

If one sticks to the Old *Dao*, one can control over what is today. For to be able to know the ancient origin is called having the thread of the *Dao* in hand.

【解意】

道难以用视觉、听觉、触觉去感觉，即使人试图去看见、听见、触摸道，可是道又在何处？修丹之人认为，大道就是意念生成处结丹的状态，尤其在本元意识和意丹生成之时，是内丹修养者自信自立的信念坚定时刻。意丹之境此刻可以简言之，道即意，意即一，惟精惟一，至虚而至实，即意境顿然融汇入大全宇宙之境。在意丹生成之前，道似乎是超验的，在意丹证得之时，道是经验的，甚至是可视、可感、可知的。

夷、希、微是极言大道无状又无象、无声又无响、无所不通又无所不在的状态，因为无法表述，所以老子说"字之曰道"，周而复始，循环无端，对后复归于无物，来自无状之状，归于无象之象，万物本无，无而有之，最终有而无之。

修行的很多具体功夫也是从无中来，复归于无。盘腿的形式如散盘、单盘、双盘、如意坐、金刚坐等，其实都是外在形式，当根据自身情况、心情、状态而定，既可正襟危坐，两腿交叉于脚踝处，也可自然并膝，脊柱自然挺直，双手掌心向内相叠于胸前，两拇指内收后相扣于手掌内侧。双眼视线垂直于脊柱，平行于地面，目光在虚无中聚焦于正前方约两米处的某个点（具体距离根据视力而定）。面部自然松弛，调整气息，肩膀自然放松。关键都在于"内无妄思，外无妄动"，把心守定，切断外界信息的干扰，可从日常活动开始有意识地练习，如长时间远离手机、独处、寡言，慢慢就能做到清心寡欲，自得虚无之乐，好似陶渊明在《归园田居》中写的"户庭无尘杂，虚室有余闲"。

自家水即口内津液，其作用体现在，把某些中药放入口中咀嚼成稀泥状，直接外敷在伤口处，可能疗效甚佳。各类典籍对自家水的功能也有详细描述，佛教称之为甘露水，取其又甘又甜之状，道教称之为津液、金津玉液、琼浆玉液等，《黄帝内经·灵枢·胀论》："廉泉玉英者，津液之道也。"金津玉液为经外奇穴名，位于舌体下面、舌系带两侧之静脉上，卷舌取之。左名金津，右名玉液，是分泌津液的孔道，故称津窍。

如何使口腔内充满温热而甘甜的口水？如果能开津窍，则津液如泉涌般，平卧更甚。这里引用台湾太一道院黄胜得道长分享的功法，帮助爱好者练习而得之：

舌抵下颚，主要引肾下元精上升，经舌下金津穴、海泉穴、玉液穴、聚泉穴等，出金津玉液与舌透心，使心火在下的火气与元精水相蒸，水火既济，产生中和、太和之气，再以漱津鼓荡热气冲七窍，使七窍气能相交，相通则阴降阳升，阴降者邪衰，邪衰者祛病延年。阳升者神化，神化者神清气爽、心静。再练性功。

吞咽热度自家水，可以打通任督二脉，去掉五脏六腑堵塞的浓痰，使五脏六腑内的阴阳两气相交相通，使其空间变大，正如"天地之间，其犹橐龠乎"，人体之间，亦是也，所以才会打嗝、有嗝声。经络愈通畅，血管的气血也愈来愈通畅，热自家水入脾胃肠，去除粘脓液，便空间增大、气充，胃口更大。其气入下丹田打通关元穴，使下丹田觉知发热、膨胀，启动先天气呼吸。

自家水是具体功夫，而丹道修养总的来说是凝练常意识、净化潜意识、开发元意识的过程。意丹药生成于混沌无物之境，元意识之耳目显露希微穿透之力，无状中有状，无象中有象。意丹生成的时刻，宇宙在手，万化随心随意。丹药火候似乎巧夺天工，心领神会。内丹之境即是意丹之域，如庄子所谓"臣以神遇而不以目视"。眼通耳通，皆是心通意通。

第十五章

保此道者　不识不盈

【原文】

古之善为道者，微妙玄通，深不可识。夫唯不可识，故强为之容：

豫兮，若冬涉川；犹①兮，若畏四邻；俨②兮，其若客；涣③兮，其若冰之将释；敦兮，其若朴④；旷⑤兮，其若谷；混⑥兮，其若浊。

孰能浊以静之徐清？孰能安以动之徐生？⑦保此道者，不欲盈。夫唯不盈，故能蔽而新成。⑧

【中译】

古代善行于道之人，精微玄妙，通大道，深邃到难以认识。正因为莫测其究竟，所以只能勉强如此形容他：

谨慎小心啊，好像冬天涉水过河；戒惕警觉啊，好像提防四邻入侵；拘谨恭敬啊，好像做客之道；亲和融涣啊，好像冰雪在春风中消融；质朴敦厚啊，好像原木未经雕琢；心旷胸阔啊，好像空谷幽深；包容浑厚啊，好像浑水浊流。

---

① "犹"指本性警觉（英译 vigilant，法译 Vigilant）的兽，引申为意识到强敌环伺之时的戒惧惕厉之心态。

② "俨"指做客时的恭谨、庄敬（英译 dignified，法译 Respect）。

③ "涣"指春风解冻时刻冰凌分解涣散（即"释"）的状态，涣散是边界消融，主动放下（英译 yielding，法译 Active Drop）去除固体的、不变的姿态，以液态的、流动的方式来应对情境的流动性变化。

④ "朴"指未经刀砍斧削的原木（英译 uncarved wood，法译 Bois non entretenu），或玉石未经开凿雕琢的状态（英译 unword wood，法译 Bois non traité），说明通于大道那种敦实厚重的原始气象。

⑤ "旷"是因心胸宽广而能包容（英译 receptive，法译 Acceptabilité）涵纳。

⑥ "混"表示因混同尘俗而浑厚如浑浊的溪水（英译 muddy stream，法译 Le ruisseau boueux），指代得道者处世圆融随顺的包容意境。

⑦ 海德格尔曾请萧师毅写此句，挂在他的书房当中，横批"天道"，可见他对于中国道家"天道"观的情怀。辜正坤译文基本得此句之意："Who can end the muddiness And make the muddy settle and gradually become clear? Who can be at rest and yet, stirring, slowly come to life?"

⑧ 领悟与道同一的得道之人，起心动念之处皆是道意，能够依境而生（英译 contextual creativity，法译 Créativité situationnelle），不断在与他人和他者（英译 the other，法译 Autres）的交往当中，"涣"散自己与他人他物的边界，与外境融为一体，成为新的状态。

谁能使浑浊沉静下来，逐渐澄清？谁能使安定生动起来，渐渐焕发生机？得道高人不会自己陷入盈满的境地。也正因为从来不陷入盈满的境地，所以能够一直守道不失，新生新成。

【法译】

Ceux de jadis, qui étaient des Sages, étaient subtils, merveilleux, pénétrants, en secrète affinité avec l'invisible, si profonds qu'on ne pouvait les comprendre. Étant au-delà de la compréhension, on peut seulement s'efforcer de décrire leur attitudes, en usant de comparaisons:

Prudents comme qui passe à gué une rivière en hiver; Circonspects comme qui redoute ses voisins; Réservés comme un invité; Effacés comme la glace qui fond; Rustiques comme le bois brut; Vides comme une vallée; Indiscernables comme l'eau trouble.

Qui peut être obscur et cependant, par sa tranquillité, lentement devenir clair? Qui peut être en repos et cependant, par le mouvement, lentement devenir vivant? Celui qui reste dans cette Voie ne désire pas être comblé. Parce qu'il ne désire pas être comblé, il est comme un vêtement qu'on use sans jamais avoir besoin de le changer.

【英译】

Those of old, who were Sages, were subtle, wonderful, penetrating, in secret affinity with the invisible, so profound that they could not be understood. Since, in fact, we cannot understand them, we can only try to describe their attitudes, using comparisons:

Cautious, as one who fords a river in winter; circumspect, as one who fears those around him; reserved, like a guest; disappearing, like melting ice; rustic, like raw wood; empty, like a valley; indistinguishable, like murky water.

Who can be obscure and yet, through tranquility, slowly become crystal clear? Who can be at rest and yet, through movement, slowly become alive? Whoever stays in this *Dao* does not want to be filled. Because he does not want to be filled, he is like a garment that wears out without being recovered.

【解意】

悟道体道之人，与道合一，道虽然不能为感官所见，但却可以因人而得见，所谓"寂然不动，感而遂通"，关键在于是否有"感"。悟道之人感通道体，其内在精神世界与道相合，不可臆测，于是只能通过其外在的态度颜色来勉强加以形容。得道高人的外表谦虚谨慎、毕恭毕敬，望之俨然、文质彬彬。高道真人之容是其本然得道之自然而然的流露，日常时空情境皆是修炼之所，终日乾乾，皆是阳生活子时之境遇。得道高人的日常言行举止，可谓"从心所欲，不逾矩"，能够做到随采随炼，意丹时刻凝聚，一心不乱。丹生意清，丹熟意纯。升降运化，万缘自如。看似深不可测，其实平平常常。

意丹生成之时，正是人心融为道心之时，其气质疏通，自然沉静，徐徐清明，气质道貌皆岸然可观，其人心意实化之事，也都一目了然。悟道高士对丹意能够心领神会，心成丹意，意成丹心，其意识意念，发即真，进入"道通天地有形外，思入风云变态中"（程颢《秋日偶成》）的境界。处处无心处处明，处处无心即真心。念念不休，与道贯通。道因之而现，人因之而教，世因之而宁。

读书之人，责任重大，不但要自己明明德，而且要心通意明，带领众人止于至善。修道之路微妙玄通，在有无、清浊、难易之间，无为无不为，在玄之又玄的微妙状态中领悟入道之门。悟得经济、政治、处事、待人、修行、学问之道，可谓样样玄通，道是看不见摸不着的，但如果不知道、不开悟、不意会无处不在的道，就可能无道可走，一生不上道。

第十六章

致虚守中 归根复命

【原文】

致虚极，守静笃。①

万物并作，吾以观复。②夫物芸芸，各复归其根。归根曰静，静曰复命③。复命曰常，知常曰明。不知常，妄作④，凶。

知常容，容乃公，公乃王，王乃天，⑤天乃道，道乃久，没身不殆。

【中译】

追求虚静至于极致，就能牢牢持守清静意境。

万物生生不息，我从中体察循环往复的自然之意。万物虽然纷繁茂盛，但最终都会返归其本根。返归到本根叫做"静"，静下来也称作回到生命本原，回到生命本原就近于恒常境界，知道持守常道，就达到明丹之境。不知道持守恒常意境，容易轻举妄动，一旦轻举妄动就可能招致凶险。

意会常道的人无所不容，无所不容于是坦荡公平，坦荡公平于是合于为王之道，为王之道应该顺从天意自然，顺从自然天意就是合于道境，通乎道境才能保长持久，终生免于危殆。

---

① 极是极致状态（英译 extend your utmost empitiness，法译 Faites de votre mieux），指人要追求意念清静的意境（英译 equilibrium，法译 Équilibre）。"笃"是纯一浑厚的清静之本，不在身外，在心灵之意境，在心灵本体光辉自然呈现而且通达丹意，即心与道合一的状态当中，才能体悟到道体的存在状态。

② "作"是兴作（英译 emerging，法译 émergent），发育，生生不息地长养。万物的"生"是在心之"观"中的"生"，所"观"出的正是天地的心意（天意）——丹意。"观"万物一起顺从天意而兴作，即悟丹意"如是"之"自然"而然。

③ 生命展开动态的精神实化状态，最后还是要回复通达大道的本然性命。英译为"It means return to their destiny"，法译为"Cela signifie un retour à leur destin"，事物本然的性命是顺天地丹意本相而流动兴发的，一切事物的运动变化都在复归命运本相的旅途之中。

④ 陈荣捷将"妄作"译为"act blindly"（法译为 Action aveugle），与前句"知常曰明"形成隐晦对照，较贴切。

⑤ "容"是无所不包地宽容（英译 accommodating，法译 compromis），涵纳万物。"公"是坦荡公平，不加私意于万物和民众的平等之意。"王"是合乎为王之道（英译 kingliness，法译 Pouvoir royal），合于王道则通于天，天即丹意。

【法译】

Atteins le vide extrême, et reste ferme dans ta sérénité.

L'ensemble des 10000 êtres s'agitent ensemble, et moi, je contemple leur retour. Car les êtres, diversement, fleurissent, puis chacun fait retour à sa racine. Faire retour à la racine, cela veut dire tranquillité; tranquillité veut dire faire retour au destin; faire retour au destin veut dire continuité ou perpétuité; connaître la continuité veut dire Lumière. Qui ne connaît pas la continuité agit en aveugle, et s'attire le malheur.

Qui connaît la continuité embrasse tout; embrassant tout, il est juste; juste, il est souverain; souverain, il est Céleste; Céleste, il est un avec la Voie. Un avec la Voie, il obtient la longévité; sa vie durant, il est hors de danger.

【英译】

Reach the extreme emptiness, and remain firm in your serenity.

The ten thousand beings are vibrating together; I contemplate their return. For beings flourish in different ways, then each one returns to its root. To return to the root means tranquility; tranquility means to return to fate; to return to fate means eternity; to know the eternal means Illuminating. He who does not know the eternal acts blindly, and brings misfortune upon himself.

He who knows the eternal embraces everything; embracing everything, he is just; just, he is royal; royal, he is Celestial; Celestial, he is one with the *Dao*. One who is with the *Dao* obtains longevity; all his life, he is safe from danger.

【解意】

本章讲达到虚的极点，持守静的笃实，就可以看到万物生长，万物生长之后，最终会归于虚静，完成生命从无到有又从有到无的循环，从中可以看出事物之道的本原状态。虚极静笃的时空运动中，生生不息的万物时刻顺应着天道自然之意徐徐展开，不需要勉强也不用遮掩，循环往复。回归到清静自然的本性，敬天法意，内在的道意永恒地呵护与大爱。体用一源，道心绽放在大千世界的万事万物，道、心、性、理，都是方便的表述，皆先天神意的对应统一。人的心意足以体悟自然本意，因心与物生生和谐，一元共生。念念不止，但念念与大道清爽一体，念念皆是道心道意的自然呈现。

道家生命观的理论与实践皆已证实：人体确有一个根本生命法则，修丹之人一旦体察品尝到生命本于道体的滋味，就好像领略了先天一炁的真情实景，好像打开了玄牝之门，通过天地根。这个门户开启靠的是虚极静笃，好像忽然一觉的玄关一窍。其实，千经万论，离开静定，别无他法。故而凡期望在道家丹道体验上有所造诣者，都必须知道此天地根本到底是何物。不然，必将落得茫然枉然。凝神入气穴，内敛收心，老老实实，致虚极，守静笃，万缘俱空。复见天地之心。一阳来复，窈兮冥兮，忽然大醒。归藏根本，动极而静，人体之前的消耗戕害，自此即可复元。因此，人体复命之法则，本乎平常寻常之机理。

道家的虚不同于佛家的空，道家的虚中包含惚恍的万象，而佛家的空是万缘本空、万物皆空。儒家的空则是虚寂，如王弼《道德真经注》："言致虚，物之极笃；守静，物之真正也，万物并作，动作生长，吾以观复。以虚静观其反复，凡有起于虚，动起于静，故万物虽并动作，卒复归于虚静，是物之极笃也。"在儒家看来，虚中有物，物不归虚，物在虚空的情境中生长发育，或动或静，动归于静，所谓静为动本。

"致虚极，守静笃"可理解为，要想达到最极致的虚，就当真实地守静。笃指笃实，指诚恳地达到完全的纯一。"守静笃"包括不动心，不为物质、利害所引诱，不变得宠辱若惊。"守静笃"的目的就是避免宠辱若惊的情况。其次是忘物我，降低向外追逐欲望的努力，放下名利权情，不再躁动不安，这就是心处于虚空、物我两忘的静寂状态。如唐末五代守安禅师语："不是息心除妄想，都缘无事可思量。"修行得道的人，念念如无念，念念皆觉照，有念如无意，无事放心头，守静到极点。

内心虚静笃实，足以对抗人生的风雨，当现实的打击降临时，当陷入绝望和无助时，人需要安宁地面对道体的虚无，以面对虚空展现的更强毅力，让自己更加自律，接近天道的脉搏，更加明白人生就是一场天地之间的修行，无论险夷起伏，一切都是心灵修习的擦伤，放下得失之心，足以无我无畏地前行。

第十七章 功成身退 事遂自然

【原文】

太上，下知有之；其次，亲而誉之；其次，畏之；其次，侮之。

信不足焉，有不信焉。犹兮，其贵言。

功成事遂，百姓皆谓：我自然。

【中译】

最上等的君王，百姓只知道有这么个统治者而已；次一等的君王，百姓称颂亲近他；再下一等的君王，百姓畏惧他；更下一等的君王，百姓轻侮他。

如果君王诚信不足，百姓就不会信任他。所以要慎重啊！君王贵在不轻易发出政令。

等到君王大功告成，事事顺利，百姓就都说：我们自己本来就是如此这般的啊。

【法译】

Lorsqu'un Grand gouverne, le peuple ne sait qu'un chose: c'est qu'il est là. De moins Grands sont aimés et loués; de moins Grands encore sont craints; de moins Grands encore sont méprisés.

Ceux qui manquent de confiance ne suscitent pas la confiance.

Les Grands veillaient avec soin aux mots qu'ils employaient. L'œuvre était accomplie, le travail était fait, et les gens du peuple, disaient: Nous l'avons fait de nous-mêmes.

【英译】

That a Most Great One governs, the people know only one thing: that he is there. Less great ones are loved and praised; still less great ones are feared; still less great ones are despised.

Whoever doesn't have enough trust, will not be trusted. They were thoughtful in the choice of their words.

The task was completed, the work was done, and the people said, "We have done it of our own accord."

【解意】

统治的艺术，需要从"道"出发来理解，对统治者来说，治理国家最理想的状态是被统治者只知道统治者的存在而已，相当于不治而治，无为而为。下面的百姓知道上面有君王，但都质朴而行，不需要以臣道事君，如若无君。次一等的是，被统治者都赞誉统治者，认为统治者英明，愿意亲近他，其地可见，恩惠可称，故亲爱而誉之。再次一等，被统治者害怕统治者，这种状态不理想，统治者可能采用了暴力等非常手段控制百姓，但还能够让百姓服从自己的统治；最差的统治状态是百姓反对统治者，甚至反过来侮辱统治者，也就形成了反抗。

可见，最好的统治模式是在上者能够与百姓愉快相处，不随便向百姓发号施令。在遇到困难或者需要集体做一些事情的时候，即使事情顺利解决，大功告成，统治者也不会居功，百姓也不需要特别感激统治者，而是认为这都是我们自然而然做到的。这种顺道而治的统治状态才是接近"道"的统治。

身国一体，可以同治，修身如是，治国亦如是。治国理政要想建立千古功业、取得伟大成就，就要真心实意。心意真切地治身，则身治；全心全意地爱民，则国治。可见，心意精诚所至，家国之门即开。人与人心通，治理人的道理也都相通，因为人与人可以感通无间，所以稍有虚伪就可以测知。

最顶级的政治是"太上"级别的，一种版本作"不知有之"，即老百姓无须知，无心自化，人人尊道贵德，无为而治。可是，现实基本都是世风日下，道意阻隔，人民麻木不仁，师心自用，私意专擅。久而久之，诚信缺失，相互欺诈猜疑，相互防备，人人自危。这就是下一等的治理方式了。

道家理想中的最高权力者，要奉行"自然无为"的治道。在理想的治理状态下，自上而下，道之真意能够得到层层贯彻，所以统治者不必发号施令，就可以使得万民景从，同心同德。最顶级的统治者，如春风化雨，可亲可敬，于是国家的政治、文化、经济乃至生态、军事、安全、民生等，都能够顺遂。不但国家的核心利益得到维护，老百姓对国事家事也可以事事放心。

第十八章 道废有为 国乃乱矣

【原文】

大道废，有仁义；

智慧^①出，有大伪；

六亲不和，有孝慈；

国家昏乱，有忠臣。

【中译】

大道被废弛后，仁义才出现；

智术机巧出现后，诈伪之事才产生；

家人失和后，孝子慈父才凸显出来；

国家政事陷入混乱后，忠臣义士才显现出来。

【法译】

Lorsque la grande Voie est délaissée, il y a l'humanité et la justice.

Lorsque l'intelligence et l'ingéniosité surviennent, il y a le grand Artifice.

Lorsque les six modes de relations familiales ne vivent pas en harmonie, il y a la piété filiale et l'amour paternel.

Lorsque l'État et la dynastie sont dans la nuit et le désordre, il y a les ministres loyaux.

【英译】

When the Great *Dao* is abandoned, there is humanity and justice.

When intelligence and ingenuity arise, there is the great Artifice.

When the six family relations are not live in harmony, there is filial piety and paternal love.

When the state and the dynasty are in darkness and disorder, there are loyal ministers.

---

① "智慧"是指智巧、机心生出的伪诈，非得道真智慧，因此英译"wisdom""knowledge"或法译"l'intelligence"都只取表面义。

【解意】

本章老子继续讲治国理政，统治者应丢弃智巧，那样人民才能得到真正的福利；统治者应抛弃虚伪的仁义，那样人民才能够重新变得忠孝慈爱。因为虚伪的智慧一旦出现，就会失去顺应天道进行"无为而治"的总方针，会助长天下的混乱和不安。

《庄子·大宗师》言及"古之真人"超越生死、超越荣辱是非，不知说生，不知恶死。《黄帝内经》言及上古真人，提挈天地，把握阴阳。《庄子·天下》说，天下的道术已经支离破碎。由此观之，道家确实期待一个人人质朴、安居乐业的上古天真时代。天下无道，则仁义智慧学说彰显，乃至人心不古，乖戾诡计充盈天下，人人互不待见、各怀鬼胎，天下大乱。本来父慈子孝是天经地义，不需要道德楷模，但现实往往背道而驰。如果能够返璞归真，上下与天地同流，万物皆备于我，顺道而治，则儒家的繁文缛节就没有市场了。

如果心灵能够领悟大道之真意，那么治国理政就可以运化于股掌之间。人的气性容易矜持自是，裹挟私心，尔虞我诈。如果只是顺应人的气性和欲望来统治，那么无论多么看似用心良苦的道德劝说，最后也肯定无济于事，只会导致人与人之间更加冰冷无情，充满虚伪至极的消极敷衍，在鲜活的世界里，彼此装腔作势、做作应付。这就好像精气无源的河车，嘎嘎空空，运转久了，可能车毁人亡。可见，如果世界运行的真元之炁枯竭，真元之心丧失，那么社会的元炁就会枯竭殆尽。统治者无论如何严峻刑法，无论如何苦口婆心、满口仁义道德，最后老百姓都只能在毫无生机的社会当中，沦为虚假丑陋的假面人。甚至人人挖空心思，只为虚荣和利益。如此一来，则国家、民族、世界最后都会变成空转水泵，维持国家系统的创造力、创新性、批判性都会消失殆尽，国家没有自我更新的能力，就会危在旦夕。

如果人民不能意会大道，人与人之间就会越发虚伪。老子用天道来否定儒家提倡的仁义道德，认为那些礼仪、礼俗、礼数都是虚假不堪、有名无实的，不必理会。如果人对于道不能意会，却自以为是，就可能陷入一个空转的世界之中，以为一切都是伪造的、虚幻的、脱离自然力的，这样的状态不合适。只凭人心想象和言辞逻辑构造出来的人造概念世界，通常缺乏意念原动力，因为意念原动力需要人直接通达大道的经验。如果只想通过虚幻的、取法自然的道德范畴来约束人的思想行为，这种外在苍白的规范没有生命力，不太可能持久有效。

第十九章

见素抱朴 少私寡欲

【原文】

绝圣弃智，民利百倍；

绝仁弃义，民复孝慈；

绝巧弃利，盗贼无有。

此三者以为文不足，故令有所属：

见素抱朴，少私寡欲。

【中译】

如果君主断弃圣明，抛弃智术，人民就可以获得百倍的益处；

如果君主断绝仁德，抛情去义，人民就可以恢复孝慈的本性；

如果君主杜绝技巧，抛弃货利，盗贼也就自然消失。

圣智、仁义、巧利这三者本来都是巧饰的，不足以用来治理天下。所以要教诫君主谨记嘱托：

呈现道体本色，抱淳守朴，减少私心，降低欲望。如果保持纯洁朴实的本性，就可以减少私欲杂念。

【法译】

Défais-toi de la sagesse, abandonne la prudence, le peuple en aura cent fois plus de profit.

Défais-toi de l'humanité, abandonne la justice, le peuple reviendra à la piété filiale et à l'amour paternel.

Défais-toi de l'ingéniosité, abandonne le profit, et il n'y aura plus de voleurs et de brigands.

Lorsque ces trois préceptes ne sont plus que de vains ornements, que le peuple tienne bon sur ceux-ci :

Montre de la simplicité ; Attache-toi à ce qui est sans artifice ; Pense peu à toi-même ; Aie peu de désirs.

【英译】

Get rid of wisdom, reject prudence, and the people will profit a hundred times more from it.

Get rid of humanity, reject justice, and the people will return to filial piety and paternal love.

Get rid of ingenuity, reject profit, and there will be no more thieves and robbers.

If these three precepts are only inefficient ornaments, let the people stand firm on the following:

Show simplicity; cling to what is without artifice; think little of yourself; have few desires.

【解意】

老子连续三章集中阐发圣人治国理政之道。此处老子对圣人的态度很微妙，一方面，他承认天下必须由圣人统治；另一方面，他又觉得最好连圣人也弃绝。因为和无知的愚夫愚妇相比较而言，圣人是有知的。但不管圣人如何顺道而行，有知总会从某个角度去破坏混沌。统治者应丢弃那些智巧，那样人民就可以得到百倍的福祉。人类社会中，很多人都想做一番大事业，以改善民生，替天行道，初心总是好的，但最后却可能变成专权和独裁，反而造成社会更大的混乱。

人在日常酬酢、应对、起居时，有一套显意识思维系统，这一系统依境而生，心随境转；另外还有一套湛谧的元意识思维系统，它本身在悄无声息地运作着，所谓自然真意。假如可以见素抱朴，不伪装、不雕琢，人心天心合轨，日常显意识就会合于自然本意，真诚可以感天动地，潜意识和日常意识基本合一，则元意识的自然无为之发用，起心动念，皆合情合理。所以老子的道论说明人类的思维系统有巨大灵性思维的潜能，接通天道的灵性如果得不到开发，则任何一种外设的宗教或哲学的教化都无能为力，治标不治本。如同人类和大自然的关系，人类社会几乎每天都在号召建设美好环境，保护大自然，但同时却在持续不断地伤害着大自然。

老子推崇婴儿和赤子，因为他们无知无欲，对事物没有分别心。老子认为当时的教育将分别和判断的标准传授给孩子，教导他们在社会中谋生的种种本事，使孩子那份纯朴天真渐渐被污染，所以老子后面又说："为学日益，为道日损。"学问虽然随着年龄的增长而增加，但心灵却步步远离大道，修道，就是把学到的是非判断都消解掉，把各种对世界的分别心都消磨掉，"损之又损，以至于无为"，才能达到通于大道的无为之境。

实现静定修养之道，需要存心养性，反躬内省：一是要见素抱朴，保持心念真诚纯净；二是要少私（思）寡欲，思虑太多容易心神不定，如果私心减少，烦恼也就少了。可见，私欲和良知都是与生俱来的，要靠修炼的方法尽量减少私欲，增加良知，所谓"存天理灭人欲"之教。"见素"类似佛家"八正道"的"正见"，即对待事物有正确的观点和方法，作为言行和行为的基础，排在"八正道"的第一位。人的意识观念纯正，实化出来的行为也就朴实端正。儒家讲"玉不琢不成器"，即雕琢人的本性，使之合乎社会礼仪规范的需要，但道家强调，混沌未开的状态才是最高境界，要努力去保持，减少人为的雕琢。每当我们用感官去接受外来信息，外来信息的纷扰就会破坏我们本来的真诚淳朴，所以人为的雕饰容易妨碍正见，去掉雕饰，才是见素抱朴。

第二十章 绝学无忧 独遗愚人

【原文】

绝学无忧。①

唯之与阿，相去几何？美之与恶，相去若何？人之所畏，不可不畏。荒兮，其未央哉！

众人熙熙，如享太牢，如春登台。我独泊兮，其未兆；沌沌兮，如婴儿之未孩；儽儽兮，若无所归。

众人皆有余，而我独若遗。我愚人之心也哉！

俗人昭昭，我独昏昏。俗人察察，我独闷闷。忽兮，其若海；飂兮，若无止。

众人皆有以，而我独顽且鄙。我独异于人，而贵食母。

【中译】

应该绝弃世人之学，那样才能减少人生的忧患。

人家唯唯诺诺地顺从你或者大声呵斥地违拗你，有什么差别吗？人家说你好或者说你坏，又有什么差别？人家怕的事情，你也不得不跟着去怕，如果这样，你需要担心害怕的事情就无穷无际了。

大家都兴高采烈地追名逐利，好像享用盛宴一般，又像登台游春，享尽无边春色。我独自一人，淡泊宁静，无动于衷，不显心迹。混混沌沌啊，好像初生的婴儿还不会发笑。我独自彷徨啊，好像无家可归的浪子。

大家志得意满，心骄志盈，我却独自廓然无欲，好像匮乏不足。我真是有愚人的心思啊！

俗人们都自昭炫耀，只有我昏昏昧昧；俗人都精察明辨，惟独我浑浑噩噩。恍恍惚惚啊，好像漂浮在大海上；飘飘荡荡啊，就像漂泊流浪，没有凭依。

大家都有所施展，只有我鄙陋冥顽。我要的就是与别人都不同，因为我看重那滋养万物的道体之母。

---

① 断绝世俗之学，直接感通丹意，方能没有忧虑，与道同体。"绝学"之"学"，一般英译为"learning"，法译为"l'étude"，张钟元译作"artificial learning"更合其本义。戴闻达译成"Abolis l'étude"。

【法译】

Renonce à l'étude, et tu seras sans chagrins.

Qu'est-ce que la petite différence entre "oui!" et "oui?"? Qu'est-ce que la grande différence entre le "bon" et le "mauvais"? S'il faut apprendre à craindre ce que les autres craignent, alors l'étude est immense et sans fin.

Quand tous les hommes rayonnent de joie comme lors du Grand Sacrifice, ou montent sur une terrasse au printemps, moi seul reste en repos sans faire aucun signe, comme un nouveau-né qui ne sait pas encore sourire, flottant comme un être qui ne serait de nulle part.

Alors que la multitude a plus qu'il ne lui faut, moi seul apparaît sans désir. Mon esprit est aussi vide que celui d'un ignorant!

Le monde est plein de gens qui brillent, moi seul suis obscut. les gens sont clairvoyants. moi seul parais ahuri. Aussi peu fixé que l'océan, je suis comme un vent qui jamais ne cesse.

Les hommes ont tous des desseins, moi seul suis borné et inculte. Je diffère seul des autres hommes, en ce que je n'estime rien que de me nourrir de la Mère.

【英译】

Give up worldly study, and you will be less sorrowful.

What is the small difference between "yes!" and "yes?"? What is the big difference between "good" and "bad"? If "what others fear, then you must also be feared", then what you need to worry would be immense and endless.

When all men radiate joy as if it were the Great Sacrifice, or on a terrace in the spring, I alone remain at rest without making any sign, like a new-born baby who does not yet know how to smile, floating like one who would come from nowhere.

When the multitude has more than it needs, I alone seem to have no desire. My mind is that of an ignoramus – equally empty.

The world is full of shining people, only I am obscured. People are clear-sighted; I alone seem bewildered. As little fixed as the ocean, I am like a wind that never ceases.

People all have designs; I alone am narrow-minded and uneducated. I alone differ from other men in that I value nothing but to feed on the Mother *Dao*.

【解意】

本章开头一般解读为断绝世俗学问，则人生远离忧患。但亦有人认为，此处的"绝学"指的是圣人最高端的学问，此类学问非思虑而生，而是无思无虑之学，所以也就没有忧愁。这类绝学纯粹是本然道意的流露，充满无尽的生机和活力，好像春意盎然，其乐融融，何以有忧？绝弃世俗之学，修丹成就绝学，才能够淡泊宁静，遗世独立，洗心退藏于密，显得大智若愚。孟子曰："学问之道无他，求其放心而已矣。"放心即安心。心何以安？人心原本都像初生婴儿一般，没有善恶之别，都是纯然自然本意的彰显。因此，修丹要接近无私心打算的自然心意，达到无做作、无察察的境界。人如果被世俗熏染，沉迷功名利禄，这类人的气质状态就会离自然道意越来越远。长此以往，命运也就不能由自己做主。初心使命远离之后，人显得愈加渺茫，变成随波逐流的匆匆过客。

得道之士跟道同体，跟天地同流，看起来好像婴儿那样混混沌沌，像海那么宽，像风那么自由。因为他们理解世俗的荣辱善恶都是相对的，俗人沉溺于各种纠纷之中难以自拔，得道之人就显得混混闷闷，外表显得很愚笨，试图独守着那些维持生活最基本的东西。他们不需要浮华的装饰，也因为去除了浮华而活得更加轻松。

本章也可以理解为，老子将自己的心态展示出来，与世俗之人的心态做对比，明确反对世俗之人追求物质欲望的贪婪心态。文中的"我"既可以指老子本人，也可以指得道之人，老子期望得道之人能够跳出世俗的羁绊，淡泊名利，追求与道合一的精神境界。

第二十一章

孔德之容　惟道是从

【原文】

孔德之容，惟道是从。

道之为物，惟恍惟惚。惚兮恍兮，其中有象；恍兮惚兮，其中有物；窈兮冥兮，其中有精；其精甚真，其中有信。

自今及古，其名不去，以阅众甫。吾何以知众甫之状哉？以此。

【中译】

得到大道的人的行为举止，总是与大道保持一致。

"道"这样的东西恍恍惚惚。惚惚恍恍啊，在恍恍之中有某种意象；恍恍惚惚啊，在恍惚之中有某种物象；深远而幽昧啊，在窈冥之中有某种精气在；这种精气十分真实，从窈冥之境中认识精气的实存，这个过程可以信验。

从今到古，大道一直实存，它的名字永远也不会被消去，因为只有依据道才能认识万物的起源和开始。我凭借什么知道万物本然开始的真情况态呢？其实就是根据这个大"道"。

【法译】

La Manifestation du grand Vertu, c'est seulement de la Voie qu'elle procède.

La Voie est comme fuyante et d'indéterminée; fuyante et indéterminée, il y a en elle des images. Indéterminée, fuyante, il y a en elle des germes. Si profonde et obscure soit-elle, ces germes sont bien réels; en eux réside l'efficience.

Depuis l'Antiquité jusqu'à présent, ce même nom de "Voie" exprime l'origine commune. Comment sais-je que telle est l'origine commune? Par elle, précisément.

【英译】

The Manifestation of great Virtue only proceeds from the *Dao*.

The *Dao* is something elusive and indeterminate. Elusive and indeterminate, there are images in her. Indeterminate, elusive, there are essences in it. However deep and obscure it may be, these essences are very real; within them lies efficiency.

From antiquity to the present, the name *Dao* expresses the common origin. How do I know that it is the common origin? By this *Dao*, precisely.

【解意】

从修丹的角度，孔德之容可以理解为玄关一窍。孔代表空空如也的状态。但这个孔不是枯寂顽孔，而是至虚至实的，存在无尽化生的可能性，甚至世间的创生性都从这里出来，所以即空即道，有无限生发的可能性。

修丹之人在静定中处于万缘俱灭的心态，反身照观这个孔窍，觉得恍恍惚惚，虚极气动，看似无象，似乎又有象，阳生精发，神气交媾，真精萌生，周身酥软。从中可以体会大道是生天生地之本，确定道意真实不虚。修丹者可以从身心复元的角度体认，大道的存在有真凭实据，没有半点欺人。修丹者在静笃之时，心意发动，可以处处中节，总在自然真意的境界，如此则道境美妙不可言，但此刻道意袭上心头，自始至终似乎有某种冥冥天启的声音，大音希声，却仍然清晰可闻。

悟道之人体悟作为道之生成的人和人的意识的生生，理解道之主观客观不再分离，能生与所生不再分开，道生成实物，道成为耳目清晰可感的存在。自然天道之意没有丝毫人心的私心私意，好像生出一种无关之私意，则真元之气质瑕疵掺入。更不可生发色心淫念，不然道意瞬间消遁，各种幻丹假象，此消彼长，偏见邪念，虚火相交，让自然真意变成虚情假意。所以，得道之人悟道知道，心思发动，循道而动，做事可成道事，作文可成道言，念念无妄道，念念成真道。

得道高人的大德仪态可以教，也可以学，但气质却很难学得来。遵从大道、顺道而行的人，自然会展现出独特的人格魅力。《庄子》中记载了很多得道之人，尽管外表丑陋不堪的人，有的头上长着大瘤，有的驼背，有的独脚，有的头陷在肩膀下面，但都展现出很大的魅力，国君见了就想把国家让给他，男人见了就想跟随他，女人见了就想嫁给他。因为这些人是得道高人，时刻都能遵从大道，虽然看起来无所作为，却能够使万物自然归附。

第二十二章

夫唯不争　抱一守柔

【原文】

曲则全，枉则直，洼则盈，敝则新，少则得，多则惑。

是以圣人抱一为天下式。不自见，故明；不自是，故彰，不自伐，故有功；不自矜，故长。夫唯不争，故天下莫能与之争。

古之所谓"曲则全"者，岂虚言哉？诚全而归之。

【中译】

委曲反能保全，屈就反能伸展；低下反可充盈得益，破旧反可除旧更新；追求少才能得到多，追求多反而惑乱。

因此圣人持守"道"，让对应双方抱合为一，以此作为天下的法式。不自我表扬，于是才能显明；不自以为是，于是才能彰显；不自我夸耀，于是才有功劳；不自高自大，于是才能为人之长。正因为不与人争，于是天下没人能与他争。

古人讲"委曲反而能保全"，怎么是没用的空话呢！确实能够让人返璞归真，实实在在可以达到。

【法译】

Ce qui est pliése retrouve étendu; Ce qui est tordu devient droit; Ce qui est vide devient plein; Ce qui est usé devient neuf; qui a peu acquerra; qui a beaucoup s'embrouillera.

Donc, le Sage embrasse la Voie et devient le modèle du monde. Il ne pense pas à briller et rayonne; il ne prétend pas avoir raison et s'impose; il ne se vante pas et on lui trouve du mérite; il ne se s'élève pas et croît en autorité. Comme il ne rivalise avec personne, personne ne peut se mesurer à lui.

L'Ancien dit: "Qui est plié se retrouve étendu", comment serait-ce un vain mot? S'y trouve inclus tout vrai accomplissement.

【英译】

What bends is found whole; what is crooked becomes straight; what is hollow becomes full; what is worn out becomes new; he who has little will acquire; he who has much will become confused.

Therefore, the Sage embraces *Dao*, and becomes the model of the world. He does not think of shining and he radiales; he does not pretend to be right and imposes himself; he does not boast and is found worthy; he does not push himself and his authority grows. Since he doesn't compete with anyone, no one can compete with him.

The old saying, "He who bends is whole," how could that be an empty word? Every true accomplishment is included in its meaning.

【解意】

本章讲到为人处世和用人之道，强调做人要和而不流，内方外圆，在遇到自己无法面对和解决的问题时，应该采取委曲忍让的方式，或者回避，或者绕道而行，这就是"曲"的方法，而不是直道而行。圣人怀抱"道"而守之，成为天下万物运行的法式和模范。杰出的领袖善于任用能力胜过自己的人，"洼则盈"，如海不辞水，故能成其大。优秀的领袖会善用朋友，"益者三友，友直，友谅，友多闻"，朋友正直，看见有不对的地方，就会直言相劝；朋友诚信，遇到事情就值得信任；朋友多闻广识，就能提升自己的心智。

糟糕的领袖才只想任用不如自己的奴才。古往今来，只有善用人、会用人的领袖才能成事。历史上开国的君主通常都很英明，用的人往往都有比他更强的能力，如汉高祖能够任用萧何、张良、韩信等，唐太宗甚至能够驾驭曾经的敌人，并且将其搁在重要位置。齐桓公九合诸侯，一匡天下，成为春秋五霸之一，因为他会任用管仲。由君王用人就可以知道其成败。

"曲则全"可以理解为丹道隐语，比喻性光如初三的弯曲月牙，渐成十五月圆之全。修丹初始如弯月，战战兢兢，不可沾沾自喜。需要以踏石有痕的力道，久久为功，既不夸张也不炫耀，不可以自以为是，只要抱一自强，直至天下无人能及、无人能争。顺从自然道意，无所谓争与不争，都如如不动。既不需要自我夸耀、自然彰显，也时刻晓畅明白。举凡世界上的伟业功勋，其实都是顺从先天本意之功力，如果稍微掺杂自是的私心，就容易矛盾丛生，导致争斗无休。

第二十三章

希言自然　雷霆不久

【原文】

希言，自然。

故飘风不终朝，骤雨不终日。孰为此者？天地。天地尚不能久，而况于人乎？

故从事于道者同于道，德①者同于德，失者同于失。同于道者，道亦乐得之；同于德者，德亦乐得之；同于失者，失亦乐得之。

信不足焉，有不信焉。

【中译】

自然很少显现为言语。

疾风无法持续吹一上午，骤雨无法持续下一整天。是谁造成这样的现象呢？是天地。天地的疾风和骤雨尚且无法长久，更何况是人？

于是，投身大道的人跟大道相合，投身德的人跟德相合，缺失道和德的人认可的是无道无德的状态。与大道相合的人，大道也乐于得到他；与德相合的人，德也乐于得到他；认同失道和失德的人，就会承受失道失德的后果。

如果对同道的信心不足，就不可能认可道的存在。

【法译】

Parler peu, c'est suivre la Nature.

Un ouragan ne dure pas toute la matinée; une averse ne dure pas toute la journée. Qui les produit? Le Ciel et la Terre. Si le Ciel et la Terre ne peuvent soutenir durablement une action forcée, comment l'homme le pourrait-il?

Celui qui va selon la Voie, son chemin ne fait qu'un avec la Voie. Quand il réussit, il est un avec le succès; quand il échoue, il est un avec l'échec; Quand il un avec la Voie, il se réjouit de l'accueil de la Voie: quand il est un avec l'échec, il se réjouit de l'échec.

---

① "德"通常译为"德性"（英译 Virtue，法译 Vertus），安乐哲译成"character"；有译成"power"（力量）的，如 Arthur Waley 把"道德经"译成"The Way and Its Power"。

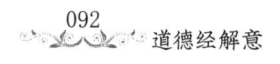

Si sa confiance est insuffisante, c'est alors le manque de confiance qui règne.

【英译】

To speak little is to conform to Nature.

A hurricane does not last all morning; a downpour does not last all day. Who produces them? Heaven and Earth. If Heaven and Earth cannot sustain a lasting forced action, how could man?

Whoever goes according to the *Dao*, his path is one with the *Dao*. When he succeeds, he is one with success; when he fails, he is one with failure; when he is one with the *Dao*, then he rejoices in the reception of the *Dao*: when he is one with failure, then he rejoices in failure.

If his trust is insufficient, then lack of trust reigns.

【解意】

道本来无声无息，得道之人行的是不言之教，顺从自然意境，不思而得、不勉而中、从容合道。自然真意本就自然而然，无须另外头上装头，去刻意追求所谓的自然。对道的体悟，本来就是见山是山，见水是水。再去参悟道为何物，其实是得空觅空，得道失道。无论现代科技依赖多少大数据、云计算，聪明用尽，最后却发现，来时路上，大道早已成就。识神元神本非二神，思是识神，看是元神。希言自然的神妙状态需要感悟，而不需要借助言语。

德是本来自得的意思，德的聚集是因为人起心动念丝毫不爽，因为道在人中。真正有道的人，不但谦虚，而且不在乎退让。得道的人顺乎自然，知道顺乎自然才能跟道同体。这一章节强调道、德、失道失德的物以类聚，"从事于道者同于道"，这是同气相求，反之，道不同不相为谋。"失者同于失"，是东西太多了，累多则失，反而不得道。得到的东西越多，就越会伤害道。

道是形而上的体，德是形而下的用。"失道而后德，失德而后仁，失仁而后义，失义而后理"，道的本体最重要，一旦道的本体启用，道就失掉了，因为只注意到它的用了。如果道的实际用处也不要了，那就只注重外表了，这就到了儒家所说的仁的层次，提出仁、强调仁就是因为存在不仁的现象，当需要把仁作为装饰并且向外展现的时候，其实仁就已经失掉了。再以后就是义了，等到义也没有的时候，就只剩下礼了。只剩下礼就意味着国家和社会沦落到最末端，一旦礼也失去了，就会天下大乱。当代哲学与文化的发展，应该惟道是从，所以要呼唤形成有时代精神的新道学，作为中华民族二十一世纪的文化战略，为重构中华民族的现代新文化而努力。

第二十四章

余食赘行　有道不处

【原文】

企者不立，跨者不行。自见者不明，自是者不彰，自伐者无功，自矜者不长。

其在道也，曰余食赘行①。物或恶之，故有道者不处。

【中译】

踮起脚跟无法站稳，两腿叉开没法走远路。自我表现者反而不能显明，自以为是者反而不能彰显，自我夸耀者反而不会有功劳，自高自大者反而不能成为人们的领袖。

从道的角度看，这些急于自炫的行为，其实都是多余的食物、过多的行为。这类行为可能招致厌恶，所以有道的人不会这样处世行事。

【法译】

Sur la pointe des pieds, on perd son équilibre. Avec les jambes écartées, on n'avance pas. À vouloir briller, on ne rayonne pas. À prétendre avoir raison, on ne s'impose pas. À vouloir se vanter, on ne voit pas son mérite reconnu. À chercher à se mettre au-dessus, on ne s'élève pas.

D'une telle attitude à l'égard de la Voie, on peut dire ceci: "Excès de nourriture et vains ajouts"—ce que tous les êtres détestent. C'est pourquoi quiconque possède la Voie s'écarte de ces impasses.

【英译】

On tiptoe, you lose your balance. With your legs apart, you don't advance anywhere. Wanting to show oneself, one doesn't shine. Pretending to be right, one does not impose oneself. Boasting, one's merit goes recognized. Putting oneself forward, one does not rise.

---

① "赘行"指多余的形体，无用的累赘。英译为"extra baggage"较为贴切，法译为"perd son équilibre"（{多余物导致}失去平衡）。

Of such an attitude toward the *Dao*, one can say, "Excess food and useless growth" – all beings hate this. Therefore whoever possesses the *Dao* does not follow such paths.

【解意】

明白事理的人不会自以为是，自以为是的人不明白事理。能够彰显的人不需要自我表现，喜欢自我表现的人反而不能够彰显。喜欢自我吹嘘的人往往既无功又无能，真正有功的人不会被遮掩。得道之人无为自然，听天俟命，自由自在。

得道高人通于道意本然，顺道而行，不需要添加一丝自己的见解，不会被一孔之见所影响。老子列举种种不堪之人性，希望有道之君子能够深以为戒、对此不屑一顾。顺应自然真意，在起心动念处无所住心，只要心无一物，如明镜菩提，心如止水，则阳生药产，运化自然，不会有企跨累赘之惑。如果揠苗助长，多此一举，则违背神火自然。在修丹运道之人看来，大道本然，至简至易。可是聪明者受限于思维习惯，喜欢把简单之事搞得繁复方才罢休。所以，老子批判好事者过度的余食赘行。

顺乎自然才能与道同体，否则就会每况愈下，本章主要讲违反自然之道的害处。"企者不立"，王弼《道德真经注》说："物尚进则失安，故曰企者不立。"脚踏实地才能立住，追求过快，反而欲速不达。凡事不能冒进，轻浮急躁的行为违反自然规律，也许短时间内可以取得一点成效，但必然不会长久，反而导致失败。对当政者来说，雷厉风行的措施往往得不到多数人支持；对个人来说，过分运用私意就会远离大道，反而难以达到本来想要达到的目的。世间成事之道自有其分寸，不可过度主观地干扰和改变事物发展的进程。

有道之士精确全面地体察大道，在起心动念之间，不让违背自然之道的主观欲望或者自私自利之心强占上风。这其实就是在起心动念之间做"存天理灭人欲"的功夫，将心意当中不合于自然大道的意识状态抹去。

第二十五章 域有四大 人居其中

【原文】

有物混成，先天地生。寂兮寥兮，独立而不改，周行而不殆，可以为天地母。吾不知其名，字之曰道，强为之名曰大。大曰逝，逝曰远，远曰反。

故道大，天大，地大，人亦大。域中①有四大，而人居其一焉。

人法地，地法天，天法道，道法自然。②

【中译】

一个浑然一体、圆满自成的东西，在天地之前就已经存在。它寂静无声，空虚无形，独立长存，永不改变，周遍运行，从不倦怠，可以把它当成产生天地万物的母体。我不知道它的名字，只能把它称为"道"，再勉强地将它命名为"大"。"大"到无边无际，周流不息，周流不息而无穷遥远，无穷遥远却能自远而返。

---

① 天地丹意是人的丹意之"大"的根源，人因能了悟道意、天意、地意而能成就其"大"，故人之大，因其"意大"，因其丹意而与天齐同。海德格尔认为，人居住在"四方"（英译 Geviert，法译 Le Quatuor）之中，即 Himmel/ciel（天）、Erde/terrain（地、土地）、Goettliche（神、神圣的事物）、Sterbliche（死、会死的事物）之中，其"四方"之物，万物辉映，彼此和谐。

② 人之意顺从丹意而可以效法大地的包容、居下、无不承受；而大地的丹意来自对天的丹意，即通过柔弱、卑下而能够融摄天之创生、元始的无穷之力；通过对天原始、通达的创生性丹意效法"道"（丹意之本相）本身，因为天行即是道本身的显像，天下四方之行皆浑然天成，都是丹意的虚而实之。"道法自然"指"道"自动自发，纯任自然，本来如此，与人无干；道在自然之中，道与自然本不可分。"法"取"顺法"之意，如英译"following its own ways"，法译"Suivez votre propre chemin"；道不可能法一切具体物，人的丹意既然可以同于道、天与地，自然可以法地、法天、法道，进而法天地大道本然的丹意（力）。人之身不可能法地、天、道，只能是人之意，而且不可以是私意，所以只可能是通天贯地同道的"丹意"的"自然"生成变化的状态。"然"可译为"so-thus""Par conséquent"，"自然"可译为"that-which-is-so-of-itself""La chose elle-même est"，"self-soing""Self-chanson"（自我如此）、"self-deriving""Auto-dérivation"（自我生成着），较能传达"自己如此这般生成变化"的意思。"道法自然"刘殿爵译为"the way on that which is naturally so"，安乐哲译为"way-making emulates what is spontaneously so"，陈汉生译为"ways follows what is so of itself"。儒莲译为"模仿道的自然之态"（le Tao imite sa nature），戴闻达译为"道的规则是在自然的规律设置的"（la Voie se règle sur le Cours Naturel）。

于是"道"是大的，天是大的，地是大的，人也是大的。宇宙里有四大，人（因其得道而可能齐同于道）居其中之一。

人（顺道而）效法地，地效法天，天效法"道"，而"道"效法自然本身而自然而然。

【法译】

L'indistinct est avant la formation du Ciel et de la Terre. Silencieux et vide, il est seul et ne change pas. Il se meut en cercle, libre de toute usure. On peut le considérer comme la Mère du monde.

J'ignore son nom; je l'appelle la Voie. M'efforçant de lui trouver un caractère, je la dit Grande. Grande, cela veut dire aller; aller veut dire s'éloigner; s'éloigner veut dire revenir.

Ainsi la Voie est grande, le Ciel est grand, la Terre est grande, et l'Homme aussi est grand. Il y a quatre grandes choses dans le monde: l'Homme en est une. L'Homme se règle sur la Terre. La Terre se règle sur le Ciel. Le Ciel se règle sur la Voie. La Voie se règle sur elle-même.

【英译】

There is one thing that is indistinct before the formation of Heaven and Earth. Silent and empty, it alone is, and it does not change. It moves in a circle, free from all wear. It can be considered the Mother of All-under Heaven.

I don't know its name; I call it the *Dao*. Trying to find a character for it, I call it Great. Great means to go; to go means to move away; to move away means to return.

Thus the *Dao* is great, Heaven is great, the Earth is great, and Man also is great. There are four great things in the world: Man is one of them. Man regulates himself on Earth. The Earth is regulated by Heaven. Heaven is regulated by the *Dao*. The *Dao* regulates itself.

【解意】

道在鸿蒙未分之时，在天地未生之时，混混沌沌，浑然一体，无边无际，可谓无极，也可谓太极。按照《周易》的宇宙论，太极生两仪，两仪生四象，四象生八卦，指代万物繁衍生息，如飞鸟走兽，星汉灿烂。

大道之行，视而不见，听而不闻，无时无刻，生生不息，代代无穷。万物生存发展，穷则思变，变则通，反转回环，如得环中。道意中和，天地适位，万物化育。

大道进入人的思想和念头，若能随时随地起心动念都合乎自然真意，则后天意识通于先天之境。如果心意纯粹主观，思考任凭心意臆造，甚至如痴如醉，那就是有意而无道。至于以纯粹客观为思考之道的人，把心与物对立起来，强调机械分解，导致呆板无趣，起心动念的意识就不再有道了。伽达默尔解释学对这类超越性形上本源可以有所启示，即一个肢解道体的心言说解释的即是禽兽般的意识，已经缺乏自然真意的洞见。

自然真意创生而招摄万物，生化妙应无穷无方，自然道体顿生顿悟。在此悟道境界当中，我心即是宇宙，宇宙即是我心。自始至终，人心与天心并无二心，人为天地立心，即自然真意之心，能够开立、呼应道意、道心。心意发动即是道。道之意行可以呈现于任何时空形式，宇宙万有生生不息，在道心领悟其本意之后，人生之意即生生之仁心，生生之力与宇宙大化辩证合二为一。

人可以悟道，所以并非被动之物，人之最可贵者，乃是其具备源源不断的创生力，能够参赞天地之化育，好像一个小宇宙。人终究有办法，瞥见道本身、悟得道之意不难，道不离意，道在意中，意道合一。道既是一种浑朴状态，也是一个和谐整体，可以孕育出世间万物。道的本性独一无二，不依靠任何条件而独立存在，不会因为任何外物而改变自己。

第二十六章

轻则失根　重则失君

【原文】

重为轻根，静为躁君。

是以圣人终日行不离辎重，虽有荣观，燕处超然。奈何万乘之主，而以身轻天下？①

轻则失根，躁则失君。

【中译】

稳重为驾驭轻率的根本，清静为控制躁动的主宰。

因此圣人行道之时既重又静，整日出行不离开载重的车马，虽然有众人景仰的荣光，但心意仍然超然物外。一个万乘大国的君主，怎么可以用一己之身轻率地去让天下躁动呢？

轻率就会失去生存的根本，躁动就会失去主宰的地位。

【法译】

Le lourd est racine du léger; le calme est le maître de l'agitation.

Aussi le noble voyage-t-il une journée entière sans se séparer de son lourd chariot de bagages. Y eût-il des merveilles à contempler, il reste tranquille et au-dessus de ces choses. Bien moins encore, le souverain de dix mille chars se conduira-t-il avec légèreté vis-à-vis de du Royaume?

S'il se conduit avec légèreté, il perd la racine de son autorité; s'il s'agite, il perd la maîtrise.

【英译】

The heavy is the root of the light; calmness is the master of agitation.

---

① "身轻天下"隐喻君王之身重要，要自知其重，不可自轻身价，不能因为治理天下而轻视自己的身体和生命。英译为"take himself tightly before the world"或"allow himself to be tighter than those he rules"，取"轻于天下"之意。儒莲译为"les maîtres de dix mille chars se conduisent légèrement dans l'empire"，戴闻达译为"Comment un maître de dix mille chars de combat se conduirait-il avec légèreté vis-à-vis de l'empire?"。

So the nobleman travels a whole day without parting with his heavy baggage cart. Were there wonders to be contemplated, he remains tranquil and above these things. Much less will the ruler of ten thousand chariots behave lightly towards the Empire.

If he behaves lightly, he loses the root of his authority; he becomes agitated, he loses control.

【解意】

本章强调要持重守静，守中守正，清楚地觉知自己在想什么、说什么、做什么，要关注此刻正在做的事情和当下的心灵感受。得道的君主，心心念念不离大道，不受个体私心好恶、喜怒哀乐的影响。因为其意念发动都在天道之中，所以念念都合于道真。在静定和稳重的状态当中，大道得到彰显，纷争、躁动得到化解。

道家的内丹修养与人的生育繁衍异曲同工，只是一顺一逆，逆在以静制动，以重制轻；逆在后天返回先天，化情欲而生真阴阳。"万乘之主"其实可以理解为元神。因为元神主宰，则天下之轻，后天之气质情欲悉归于正道，接通先天水火运化之后的金丹大药。内丹始终要与神气打交道。神归于元性，气归于元命，知晓根本，则荣观声色，态度超然，甚至无动于衷。君子终日不离辎重，是先天元命，所谓真铅，又名金丹，其性自持稳重。

如果能够保持正念，专注于当下，那么生活和工作中的任何一个时间节点都可以是修炼的时机。工作时当专注于当下每一项工作，时刻保持警觉和清醒，准备好应对任何可能发生的状况，然后随机应变。觉知要从专注于生活中的每一个当下开始，要从专注于自己的一呼一吸开始，把每一件日常事务都做到最合适的状态。

"至道无难，唯嫌拣择。"学道没有别的，就是专注而不可挑挑拣拣。如果不断挑剔，会导致我们出现很多"分别心"，当分别心升起的时候，就要立即反省，知道自己升起了分别心，在反思而知道自己升起分别心时，其实分别心就已经在减弱了。《中庸》里，孔子说他修炼了一辈子，都没有见过一个能够做到中庸的人，可见中庸是非常难达到的境界。如果把中庸境界修炼出来，就能够摆脱社会的惯性，不会被社会惯性所操纵。可见，能把"合适"做到极致，时时刻刻都做到最合适，这种理想的境界才叫中庸。

　　修丹是一个过程，虽然很难，但也很有趣，每一个节点都可以观照到自己在进步还是退步，体会和记录困难和挫折。每一个平常的日子，都会觉得自己好像在经历奇迹。我们如果时刻问：做每件事情的最佳时机是什么时候？与你共事的最重要的人是谁？无论何时，要做的最重要的事是什么？那么最重要的时刻可能永远只有一个，那就是现在，因为现在是自己唯一能主导的时间；最重要的人，其实就是当下和我在一起、在我面前的人，因为谁也不知道，下一刻我是否还会与这个人共处；最重要的事，其实就是让我身旁的人快乐起来，可以说，这就是得道之人所有的追求。

第二十七章 圣人之道 不弃物人

【原文】

善行，无辙迹；善言，无瑕谪；善数，不用筹策；善闭，无关楗而不可开；善结，无绳约而不可解。

是以圣人常善救人，故无弃人；常善救物，故无弃物。是谓袭明[①]。

故善人者，不善人之师；不善人者，善人之资。不贵其师，不爱其资，虽智大迷，是谓要妙。

【中译】

善于行事的人顺自然而行，不会留下痕迹；善于说话的人不会留下可被指责的漏洞；善于计算的人不需要使用筹策；善于关闭心意的人，即使不用门栓，别人也打不开他的心房；善于连接他人心意的人，就算不用绳索捆绑，别人也无法背离他的心意。

于是，圣人总是善于使人尽顺其本性，所以天下没有被遗弃的人；总是善于物尽其用，所以天下没有被遗弃的物件。这叫作因缘而明之境。

可见，善人可以做不善人的师表，不善人当成为善人的借鉴。如果既不看重自己的老师，又不珍惜自己的借鉴，那么即使是绝顶聪明的人，也会迷失方向。这是何其精要玄妙的道理啊。

【法译】

Le bon voyageur ne laisse ni ornière ni trace. Le bon orateur n'a ni faute ni reproche. Le bon calculateur n'a ni fiche ni tablette. Le bon serrurier n'a ni verrou ni serrure, et pourtant nul ne peut ouvrir ses portes. Le bon botteleur n'a ni corde ni lien, et pourtant nul ne peut délier ses bottes.

Ainsi le Sage est toujours bon sauveur d'hommes, et il n'en rejette aucun. Il est toujours bon sauveur des créatures, et il n'en rejette aucune. C'est là ce que l'on appelle "suivre la Lumière".

---

① "袭明"是内藏智慧聪明，继承丹意而使意境变得光明。陈荣捷将其译为"following the light (of Nature)"，皮埃尔莱利斯译为"C'est là ce quappelle suivre la Lumière"，可以一参。

L'homme bon est le maître de l'homme mauvais, et l'homme mauvais est la matière de l'homme bon. Celui qui ne révère pas le maître et n'aime pas la matière s'égare grandement, tout savant qu'il soit. C'est là ce que l'on appelle le secret essentiel.

【英译】

A good traveller leaves no ruts or traces. A good orator has neither faults nor reproaches. A good calculator has no index cards or tablets. A good locksmith has neither latch nor lock, and yet no one can open what he has closed. A good binder has neither ropes nor bonds, and yet no one can untie what he sealed.

Thus the Sage is always a good saviour of men, and he rejects none. He is always the good saviour of creatures, and he does not reject any of them. This is called "following the Light."

The good man is the master of the not good man, and the not good man is the resource of the good man. He who does not revere his master and does not love his resource is greatly lost, however learned he may be. This is what is called the essential secret.

【解意】

本章通过排比论证、层层递进。合道的善行、善言、善数非常精微灵妙、毫厘不爽。要在运筹帷幄之时，在局面需要判断决策时，当计则计，才能筹划适宜，达到合情合理的状态。先天真意该多则多，该少则少，不增不减，不多不少，无需筹策劳苦。先天丹意顺应无心，物我两忘。善行顺其自然，善言没有瑕疵，善数不需算计，正如修道成丹向外不需攀附外缘，向内不需生发私心。善闭指的是悟道由意，无需依赖绳索加以防备，本来就严密无缝，所以难以打开。圣人言行皆天道浑然，自然无懈可击。

理解道意的种种运用都不需要掺杂丝毫人心私意，心意致力于无师自通，达到效能最佳的境界。领悟道意的临鉴，不善之人要善于感遇道意的能量化生，并以自然尊道之人为师，从而自我启发、警醒。善人之心，因道意充盈，所以知道见善思齐，有则改之，无则加勉，不断修正、提升、进步。可见，善人能够锦上添花，不断臻于修丹境界之美善。

因此，悟道之意似乎无所不通，无所不能。所谓格物致知，明白事物之理，也就能够明白修道内丹的性命双修，本末不离。大道接天，"四时行焉，百物生焉"，本于无言的意丹之境。稍有瑕谪，就不是意丹大全之境。道意乃修养意丹之根本，在意念发动当中反观内省，观意念生发之善与不善，都是修丹之资粮。

有道的圣人从来都是顺从自然大道、光明通达的。心心念念皆在道中，随缘渡化，救不善之人归于自然天道之轨道，赋予或完善其欠缺之性，修成造化万物的伟大功业，尧舜般云施雨布、泽润神州。为人处世持重不躁进，持重以驭轻，守静以制动。

这一章提出五善行事，善行、善言、善数、善闭、善结，能够做到这五善的话，也就能够顺应自然了，圣人行五善，潜移默化民众之性，以期形成好的环境，以救治百姓为目的。圣人之善行皆顺其自然而行，从不刻意有所作为，他们行得自然，也就入于无为而无所不为的境界。圣人之善言顺物之性，不别不析，故无瑕谪；圣人善数，顺应万物，引导事物按照大道的方向发展，从不斤斤计较，终究万物都归附于他；圣人善于关闭人们心中的贪念，也善于封闭人们心中的欲望，这是以不闭为闭，以不结为结。

圣人治国理政一视同仁，没有不可教的，因为都可教，所以大才大用，小才小用，因才施用，没有遗才，没有弃人。圣人善于救物，所以没有抛弃的物，把没有弃物视为惜民，善于发挥旧物的用途，这是优良的习惯，重新发挥旧物的用途，不浪费其潜在的价值。

善人是不善人的老师，不善人要知道如何取法于善人才能成功，善人要善于借鉴不善人的经验而不断加以自省。所谓"见贤思齐焉，见不贤而内自省也"，都是要善于以他人为师，不断提升自己。常人如果不把善人当作自己的老师，也不借鉴不善人的教训，即便聪慧之人也会变糊涂，这里面有精深微妙的道理。

第二十八章

知雄守雌　复归婴儿

【原文】

知其雄，守其雌，为天下溪。为天下溪，常德不离，复归于婴儿。

知其白，守其黑，为天下式。为天下式，常德不忒，复归于无极。

知其荣，守其辱，为天下谷。为天下谷，常德乃足，复归于朴。

朴散则为器，圣人用之，则为官长，故大制不割。

【中译】

圣人知道自己刚强雄壮的一面，但却甘心安守自己柔弱慈爱的一面，犹如天下的溪流和沟壑。做天下的溪壑，可以让众流归注，好像收摄天下人心，聚道藏德，不会离散，重新回归到婴儿状态。

圣人知道光明的一面，但甘居黑暗，所以可以被视为天下的法式。因为被视为天下的法式，所以其聚藏的道德才不会有差失，回归到先天无极的状态。

圣人知道荣耀的一面，但甘居屈辱，犹如天下的深谷。做天下的深谷，可以让聚藏的道德保持充盈，重新回复到真诚淳朴的状态。

真诚淳朴的状态分散开来，就形成具体器物，圣人运用朴散为器的原理，设官分制，加强管理，因此善于治国的人不会割裂违背朴散为器的大道理。

【法译】

Celui qui connait sa force virile, mais embrasse le rôle du féminin, est tel le Ravin du monde. Il est le Ravin du monde: la Vertu perpetuelle ne le quitte jamais. Il retourne à l'état de nouveau-né.

Celui qui connaît le blanc, mais s'en tient au noir, est tel la Norme du monde. Il est la Norme du monde: la Vertu perpetuelle ne l'abandonne pas. Il retourne à l'état du sans-limitation.

Celui qui sait son bonheur mais endure la honte, est tel la Vallée du monde. Il est la Vallée du monde: la Vertu perpetuelle en lui suffit. Il retourne à l'état du bois brut.

Le bloc de bois, taillé et débité, forme des ustensiles. Le Sage qui s'en sert devient le chef des ouvriers. Car le grand tailleur ne découpe pas.

【英译】

The one who knows his virile strength, but plays the feminine role, is the Ravine of the world. He is the Ravine of the world: the Virtue of all times does not separate itself from him. He returns to the state of a newborn.

He who knows white, but sticks to black, is the Norm of the world. He is the Norm of the world: the Virtue of all times does not abandon him. He returns to the state of being without limitations.

He who knows his goodness, but endures shame, is the Valley of the World. He is the Valley of the world: the Virtue of all time in him is sufficient. He returns to the state of unworked wood.

The block of wood, cut and carved, forms utensils. The Sage who uses them becomes the leader of the officials. Thus the great tailor does not cut.

【解意】

人的成长是凡心不断增长的过程，也是不断伤害先天婴儿状态的过程，所以修丹要求长生，通常都要求修炼到婴儿的状态。虽然这是非常理想的状态，但道理上就是要保持先天的生机永不失去。如果长生的努力是求人不死，那么努力恢复到婴儿状态，就好比不断去做死心人。所谓死心人，就是消灭了凡心的人。人如果能够让凡心涌动的日常状态稍有退场隐遁的态势，则道意顷刻间就已袭上心头。

本章要求修丹者始终保持谦虚低下的心念，从而更有利于柔弱的道意之发用，以驾驭、制约各类阳刚雄壮的心态对意识境域的侵占。如果自然之意自然、自动地生发，那么日常意识就会析散分拆。可见，用日常意念对器物的状态进行分别、界别、分析、拆散，这不是圣人该学习的功课。圣人需要把握和体悟的是，大道进入意识之瞬间的那种纯朴未分的状态，这种状态其实是圣人心意状态的枢机，因为圣人正是靠这种心态来领导和驾驭天下万事万物的千变万化。

从大道存在的状态上思考，真诚淳朴的状态是世间存在的根源，但大道必须分散形成具体器物之后，才可能为人所意会。真诚质朴的状态是存在的器物的本体，相对来说，存在的器物可谓真朴状态的功能和作用。如此可见，大道真诚质朴的状态是万事万物的开端。

雄性阳刚，雌性阴柔，雌雄交媾，阴阳和合，此道理既可以做事，也可以修丹，因为做事和修丹的道理本来相通。阳生于阴，要保持阳刚，首先要守住雌柔，而不是纯粹努力去守住雄刚的状态。从身体修丹的角度，持柔的努力，久而久之可以帮助春阳熏蒸、阴渣炼化，进而归根复命，这样的常德在修炼过程中一刻都不能离开。守阴柔是为了与乾阳交媾，结成阴阳和合的合道状态。

由此，如果能够时刻复归先天无极的大道，就会呈现出浑朴无华的状态。大本大源之道凝聚成本体的一，本身全无华丽的姿态。如果大道真诚质朴的状态，分解散开成为万事万物，就是生生不息、千姿百态的大千世界，就是形而下的器物世界。这个大道真朴析散论，不是人心日常意识可以造作出来的，而是自然真意顺序而生的，所以能够收放自如，水到渠成。修炼之道和成事之道也是如此，真气从阳生，但意识要时刻守阴，才能阴阳相吸运转。阴阳看似二气，而时刻合为一气，"一阴一阳之谓道"，说明修炼意丹不离一阴一阳，相感不离，别无他法。

第二十九章 欲取天下 惟不得已

【原文】

将欲取天下而为之，吾见其不得已。

天下神器，不可为也，不可执也。为者败之，执者失之。

夫物或行或随，或嘘或吹，或强或羸，或载或堕。

是以圣人去甚、去奢、去泰。

【中译】

将要治理天下，但如果有所作为，我看他是不可能达到目的了。

天下是个神妙的器物，对它不可以有所作为，不可以执着控制。以为有为的努力会败坏它，执着控制的努力会失去它。

万物秉性不同，有的行前显得积极，有的随后显得消极；有的性格和缓，有的急躁；有的强壮，有的羸弱；有的升进，有的毁败。

因此，圣人要努力去掉极端、奢大、过度的心意与举措。

【法译】

Qui cherche à gouverner le monde entier par l'action, je le vois bien, conduit à faire ce qu'il ne voulait pas.

Le Royaume, tel un vase spirituel, ne peut être manipulé. Qui le manipule, l'abîme. Qui se l'approprie, le perd.

Car, de tous les êtres, les uns vont devant, les autres suivent; les uns soufflent légèrement, les autres fort; les uns sont vigoureux, les autres faibles; les uns restent debout, les autres tombent.

C'est pourquoi le Sage évite l'arrogance, l'extravagance et l'excès.

【英译】

Whoever seeks to amend the Empire by action, I see him led to do what he does not want.

The Empire, a spiritual vessel, cannot be manipulated. Whoever manipulates it, damages it. Whoever appropriates it, loses it.

For of all beings, some go ahead, others follow; some blow lightly, others strongly; some are vigorous, others weak; some remain standing, others fall.

This is why the Sage avoids arrogance, extravagance, and excess.

【解意】

在内丹药物生成过程中，在改天换地的革命过程中，总是有一双"看不见的手"，即先天真意和道意，维持托举着大方向、大工程的进展，使之不会偏离大道，不会出现极端、奢靡、骄泰的过分状态。大道虽然不难了解，但时刻顺道而行，在起心动念当中保持对先天真意的觉知，也绝非易事。若一个念头的觉知违背自然之意的状态，则从事者难以成就事业。世间伟大的成就都是道意的自然发用，在人类历史的时空中，那些重要人物成就的功勋和事业，都是自然而然修心合道的结果。同样，治理国家的圣人都要摆脱"走极端""奢侈""过度"等思维和行为习惯。

在道家的智慧中，治理天下不能按照一己私欲一意孤行，更不能为了实现自己的愿望而为所欲为。想要通过强硬的手段把天下治理好，老子认为是不可能的。因为任何强行改变事情变化的努力，几乎都必然会失败；更不要说想强行去控制天下万事万物，几乎必然会失去这种掌控力。因为天下万物有不同的禀赋和性状，本章区分了积极与消极、和缓与急躁、强壮与羸弱、升进与毁败等不同状态，想要完全控制所有的状态是不可能的。

高明的领导人不依靠有为来治国，而治身也是如此。从修身养性的角度来说，"去甚"是慈，"去奢"是俭，"去泰"是不敢为天下先。老子处事待人的"三宝"，讲究的是时刻归于中正平和的状态，看起来有所作为，其实相当于无为。所以要明白有为和无为的辩证关系，领悟大道无为，无为是先天用于养性的学问；但时刻都要有为，因为有为是后天炼命的必经之路。

本书在解读《道德经》时，尽量以先天丹意贯通全文。道学是中国哲学的主干，因为道学是天地人三才的哲学。胡孚琛认为，道之哲学可概括为

"人""行""道"三字,"人"为人学,"行"为实践与经世致用之学,"道"为本体论及形而上学。三者都以先天真意统摄贯通。无论修身还是处世,都要时刻保持对先天真意的觉知,以先天真意贯通,时刻应对事物的变化情境,以无为的状态去努力驾驭有为的、变化的世界。

第三十章

物壮则老 不敢取强

【原文】

以道佐人主者，不以兵强天下①，其事好还。师之所处，荆棘生焉。大军之后，必有凶年。

善有果而已，不敢以取强。果而勿矜，果而勿伐，果而勿骄，果而不得已，果而勿强。

物壮则老，是谓不道，不道早已。

【中译】

用无为之道辅佐君主，不依靠武力逞强于天下，因为依靠武力去征服，很快就会得到回报。军队所过的地方，耕稼弛废，荆棘遍地。大量的军队打过仗的地方，一定会有灾荒年。

善于用兵打仗的人，只要能够达到辅佐君主的目的就可以了，不敢倚仗兵力来逞强。有了结果就不需要自我炫耀，有了结果就不需要自吹自擂，有了结果就不骄傲自大。用兵打仗去实现目的是迫不得已，所以有了结果就不敢逞强。

事物强大壮盛的时候，开始趋于衰败，所以用兵逞强是不合乎无为之"道"的，不合乎"道"的做法就会加速灭亡。

【法译】

Celui qui assiste un Souverain selon la Voie, ne fait pas sentir à l'Empire (au Royaume) la force des armes: manière d'agir qui, facilement, entraîne un choc en retour.

Là où campent les troupes poussent épines et ronces. Dans le sillage des grandes armées suivent des années de malheur.

L'homme de valeur est résolu, voilà tout. Il ne se risque pas à conquérir par la force. Qu'il soit résolu, mais non obstiné; qu'il soit résolu, mais non téméraire; qu'il

---

① 用兵逞强有不祥后果，具有告诫意味。理雅格（1891）译为 "He strikes it as a matter of necessity; he strikes it, but not from a wish or mastery"，得其意。莱利斯译为 "Ne cherche pas à primer par les armes"。

soit résolu, mais non arrogant; qu'il soit résolu, mais par nécessité; qu'il soit résolu, mais sans violence.

Les êtres deviennent robustes puis vieillissent. Or cela va contre la Voie, et ce qui va contre la Voie périt bientôt.

【英译】

He who assists a Sovereign according to the *Dao*, does not make the Empire feel the force of arms: a way of acting which easily brings about a shock in return.

Where the troops are encamped, thorns and brambles grow. In the wake of the great armies, years of misfortune follow.

The man of valor is resolute, that is all. He does not risk conquering by force. Let him be resolute, but not obstinate; let him be resolute, but not boastful; let him be resolute, but not arrogant; let him be resolute, but out of necessity; let him be resolute, but without violence.

Beings become robust and then age. But this is against the *Dao*. That which is against the *Dao* soon perishes.

【解意】

天道好还，冤冤相报何时了。此章对于今日纷争不休的世界来说，具有警醒告诫之义。凡是领导人稍有穷兵黩武的意图，哪怕还没有付诸实施，没有让军事武器临场，就已经招摄了杀戮之机。如此违背自然之意，试图使用武力、走向战争，可能会迅速遭到对等的报应。这是天道轮回本来的运作规律，人心人力想要悖逆道意，就容易遭受反噬。

就修炼内丹来说，修炼自己的道，致力于化凡体为玉体，变浊躯为金躯，所以不可以用兵等强行为之，否则惊动身体运化机制，可能搅动后天凡火而导致大伤元气。

善于用兵的人，有了结果就适可而止，这也是果敢的一种表现。修丹的人在即将修成纯乾之体的时候，不可以觉得自己已经差不多了，好像有了很多常人不可企及的能力，以为自己已经很强了，那样很容易出问题。

　　修丹和成事都需要先天真意来融贯各个方面，可以旁及政治学、管理学、政治学，其一以贯之的核心思想是，尽量构建一个模拟人体的自我调节、自我组织的自动化系统，无亲无疏，依乎天道，大功大慈，导人向善。儒家在政治上多采取一元化的以阴辅阳的结构，建立上重下轻的金字塔式等级森严的政权，容易形成君劳臣逸、上下失控的局面。道家在政治上倡导三位一体的阴阳互补结构，以自然法则形成三元制约、上下反馈的自我调节机制，致力于建立君执道无为而逸，臣依规导恶向善、去浊留清的局面，尽量让百姓感受不到政权的压力，反而觉得可以通过政权的运作来实现自己的主动创造精神。道家之术以"执一涵三""守中致和"为特色，是一种三元的中和系统，如人体讲精、气、神一体，国家讲君、臣、民一体，《太平经》中突出了道家三元一太极的特征。

　　道家的政治管理学在今天仍然有意义，不了解道家哲学的奥义，就很难掌握道家政治学的真谛。道家政治学的要害在于善变易，其术因时制宜，无为而治，运用之妙，存乎一心，因之可以应变化于乱世，挽危难于逆境，可以弱制强，导强归正。因此政治家在国家危难之际，尤其在实现政治变革的关键时期，都应注意从道家经典中汲取智慧。

第三十一章 强者用兵 不祥之器

【原文】

夫兵者，不祥之器，物或恶之，故有道者不处。

君子居则贵左，用兵则贵右。兵者不祥之器，非君子之器，不得已而用之，恬淡为上。胜而不美，而美之者，是乐杀人。夫乐杀人者，则不可得志于天下矣。

吉事尚左，凶事尚右。偏将军居左，上将军居右，言以丧礼处之。杀人之众，以哀悲泣之，战胜，以丧礼处之。

【中译】

强大的军事力量是不吉利之物。总是有人讨厌它，所以有道的人不把军事力量当作立国之本。

君子平时起居时以左方为尊贵，行军打仗时就以右方为尊贵。军事力量是不吉利的东西，不是君子应该使用的东西，即使在不得已非要使用武力的时候，也要心平气和，恬淡处之。即使打了胜仗，也千万不要得意自美，如果志得意满，那就等于乐于杀人。那些乐于杀人的人，他的心志就无法推行于天下了。

吉庆的事情以左边为上，凶丧的事情以右方为上。（战争的时候）偏将军在左边，主将在右边，这说的就是行军打仗需要按照凶丧的礼仪来处理。杀了很多敌人，都要以哀伤悲悯的心情去对待，即使打了胜仗，也要按凶丧的礼仪去处置。

【法译】

Les armes sont des instruments de mauvais présages et que tous les êtres abhorrent. Celui qui suit la Voie les ignore.

L'homme noble, chez lui, tient la gauche pour la place d'honneur; la place de droite est celle de l'homme armé. Les armes sont des instruments de mauvais présage et qui ne conviennent pas à l'homme noble. Il ne s'en sert qu'à contrecœur, estimant la tranquillité et la paix comme le bien suprême. Est-il vainqueur, il ne s'en réjouit pas. Celui qui voudrait s'en réjouir se réjouirait de tuer des hommes. Celui qui se réjouit de tuer des hommes ne peut jamais obtenir ce qu'il cherche dans le monde.

Aux jours de fête, la place d'honneur est à gauche; aux jours de deuil, la place d'honneur est à droite. Le général en second occupe la gauche; le général en chef occupe la droite. Cela signifie qu'ils sont placés selon la coutume des rites funéraires. Le massacre des hommes, on doit l'accueillir avec larmes et lamentations. Après une bataille, le vainqueur doit être reçu selon les rites funéraires.

【英译】

Weapons are inauspicious instruments of bad omen, and all beings abhor him. He who conforms to the *Dao* does not use them.

The noble man, at home, holds the left for the place of honor; if he bears arms, it is the right that is the place of honor. Weapons are instruments of bad omen, and are not suitable for the noble man. He uses them only reluctantly, considering tranquility and peace the supreme good. If he is victorious, he is not happy. Whoever would rejoice in this would rejoice in killing men. He who rejoices in killing men can never obtain what he seeks in the world.

On feast days, the place of honor is on the left; On days of mourning, the place of honor is on the right. The second general occupies the left; the general-in-chief occupies the right. This means that they are placed according to the custom of funeral rites. The slaughter of men must be mourned with tears and lamentations. After a battle, the victor must be received according to the funeral rites.

【解意】

每一个国家的发展道路和政治治理模式，都要依据其区域的具体历史地理情势，不断自然生发而成，世界上的主要文明类型其实大都是这样。如果用霸权和武力去故意、肆意地征伐改变，都是违背自然之意，不应以自私自利、个人好恶去行兵器干戈之用。

这类试图用兵征服天下的人，是不可能得道于天下的，也必将被历史的道意大潮所抛弃，直到退出历史舞台。用兵打仗好像临炉用火，其实是国家赢弱之象，也是老弱之人试图扶衰救弊、不得已而为之的努力。采药炼丹时的一切有作有为之法，往往背离神仙大道很远。

第三十二章

道在天下　知止不殆

【原文】

道常、无名、朴。虽小，天下莫能臣。侯王若能守之，万物将自宾[①]。

天地相合，以降甘露，民莫之令而自均。

始制有名，名亦既有，夫亦将知止，知止可以不殆[②]。

譬道之在天下，犹川谷之于江海。

【中译】

大道永远处于恒定、无可名状、纯真朴素的状态。虽然看起来幽微无形，但天下没有人能使之臣服。侯王若能持守顺从大道，万物都将会自动地来归顺服从。

天地之间，阴阳之气相交结合，才能降下甘露，虽然没有人指使天地，但雨露自然降临、润泽均匀。

人开始制作东西之后，就发明了名称。名称发明了之后，也就需要知道名称的界限，并知道适可而止，知道了适可而止，才可以避免危殆。

这就好像大道跟天下之间的关系，也像江海是百川归附之地，因为"道"就是万物的归属之地。

【法译】

La Voie a pour toujours la simplicité du sans-nom. Si inapparente qu'elle soit, elle est plus puissante que n'importe quoi sous le Ciel.

Si seigneurs et rois pouvaient suivrent la Voie, tous les êtres du monde accourraient

---

[①] "自宾"是自将宾服于"道"，归附且服从。理雅格（1891）将"万物将自宾"译成"submit themselves to him"，以"him"指代上帝，把道理解为人格神，但《道德经》里没有人格神和超越性上帝观。类似的，儒莲译为"tous les êtres viendront spontanément se soumettre à eux."（全部众生会自发地服从他），莱利斯译为"Tout lui rendrait hommage"（一切都会向他致敬），也带有人格神的意味。刘殿爵译成"submit of their own accord"，安乐哲译为"defer of their own accord"，都是要突出"自"的意味。

[②] 对于"殆"（危险），英译通常为"danger"，法译为"péril"，但英译"failure and error"，法译"échecs et erreurs"其实更到位。

leur rendre hommage. Le Ciel et la Terre s'uniraient pour répandre une douce rosée. De lui-même, sans lois ni contrainte, le peuple trouverait le chemin de l'équité.

Dès que la simplicité est divisée, il y a des noms. Aussitôt qu'il y a des noms, on doit savoir où se tenir. Qui sait où se tenir peut prévenir tout péril.

La Voie est à Tout-sous-le-Ciel comme le Fleuve et la Mer sont aux ruisseaux de montagne et aux eaux des vallées.

【英译】

The *Dao* has forever the simplicity of the nameless. However inconspicuous it may be, it is more powerful than anything under Heaven.

If lords and kings could conform to the *Dao*, all the beings of the world would run to pay homage to them. Heaven and Earth would unite to shed a sweet dew. On their own, without laws or constraints, the people would find the path to equity.

As soon as simplicity is divided, there are names. As soon as there are names, we must know where to stand. Whoever knows where to stand can prevent any danger.

The *Dao* is to All-Under the Heavens, like the River and Sea to the mountain streams and the waters of the valleys.

【解意】

前述两章，接连以警世恒言的语气劝诫，指出"兵者不祥之器"的惨烈结局。这章承前启后，以正面乐观的语调讨论如何以道治天下。"守朴""无为"是老子提出的治国规律，是领导人遵循大道的自然体现。大道没有形体，处于一种真诚质朴的状态；大道行于天下，好像无物，但大道真诚质朴的状态分散开来，成为各种器。圣人利用朴散而为器的道理，守住质朴的道体，从而宰制天下事物的变化。

本章对丹道修炼的意义在于，甘露是天地阴阳之气交媾化生的甜蜜结晶。地无私载，甘露平等遍洒于所有自然物上，不受人为私意的约束，带有共享、共产、雨露均沾的意味。道医学医理的基石也在这里，即要让甘露水滋养平衡各个器官、组织和肌肤，达到阴阳之气相互调和、气血冲和、阴平阳秘的状态。这样的平衡机理，不是通过人为医学和一草一木的药物就能奏效的。若但言心性修炼，机理无从捉摸，古代修仙者认为，心中灵液可以从体涕、唾津、精气、血液等后天所生阴滓物中，加以神火下照，久久之后，可能化为至灵之液。这个灵液就是元神所寄。元神原来是真常清静的，不染纤尘，与太空类似，需要从后天色身之精，用起文武火，加以神光了照，从而化生灵液。所以炼丹人士需要先炼精化气。

道学以保精、行气、服饵为养生学三要件，保精为房中术，行气包括各类内功和外功，服饵包括中草药、药膳、营养学等。道家是重生哲学，特别注意养生，道教是生道合一的宗教，所以养生是修道的根本目标。医药学致力于祛病，通过中草药、针灸、按摩等内外科治疗方法来消除病痛；养生学致力于健身，通过导引、太极拳、气功、冥想、膳食、房中术等强身健体。道学的人体观以精为基础，以气为动力，认为血能生精，气随血行，食能生血，药能补血理气，所以养生以服饵调理精血，以房中保精，以行气积累生命能量，从而实现强身健体的疗效。

道学的丹意美学思想可以渗透到文化艺术各个领域，形成道家美学思想的基础。道家文化艺术作品指具备道家自然主义特色的文艺作品，包括道诗、道剧、神仙小说、道教音乐、宫观建筑、园林艺术、盆景、山水画、书法、雕塑等。道家文化艺术以回归自然、返朴归真为基本审美思想，以"天人合一"为最高境界，以悟道的灵性去激发艺术家的创造力，从而达到表现自然之丹的美学境界。通常来说，道家以山水的自然美、少女的人体美、婴儿的心灵美作为美的标准，以主体同宇宙合拍，实现节律和谐同构的丹意真心作为审美的最高境界。

第三十三章

知人者智　自知者明

【原文】

知人者智，自知者明①。

胜人者有力，自胜者强。

知足者富，强行者有志。

不失其所者久，死而不亡②者寿。

【中译】

了解别人的人只能算有智慧，只有了解自己的人才能算得上高明。

能战胜别人的人只能算作有力量，只有能战胜自己弱点的人才算得上真正强大。

能够知足的人容易淡泊货财，从而显得富有，善于坚持不懈勤行大道的人显得有志气。

有自知之明而且行事不超出大道之限度的人会长久存在，身死而精神不被他

---

① 这种内在德性（英译virtue，法译Vertus）的体知，在认识过程中成为确定主体性（英译subjectivity，法译Subjectivité）的根基。但这种主体性，不是相对于客体性（英译objectivity，法译Objectivité）的外在对待之物，正相反，它透达于人内在德性大道，能感通所有人与物，这种德性通达众生与一切存在的德性，超越具体存在的殊相（英译particular，法译Spécial）而通达宇宙的共相（英译universal，法译universal），在意会本于道的德（性）的瞬间，德与道贯通，让意向性变得光明（英译illumination of intentionality，法译L'éclat de l'irrationnel），使之澄澈敞明起来，这才是真正的"明"。这种明，不仅是眼力好的（英译acuity，法译Acuité），而且是照亮黑暗的illuminant（光源），能够照明（illumination），帮助分辨（discernment，参 D. C. Lau, *Tao Te Ching*, Hong Kong: Chinese University of Hong Kong Press, 2001, p. 51.），更是悟通黑暗的光明（enlightenment，参 Charles Q. Wu, *Thus Spoke Laozi: A New Translation with Commentaries of Daodejing*, Honolulu: University of Hawaii Press, and Beijing: Foreign Language Teaching and Research Press, 2016, p. 74.）。儒莲译为"认识自己的人是开明的（Celui qui se connaît lui-même est éclairé），我倾向于译为"认识自己的人是光明的光源"（qui se connaît soi-même est illuminé）。

② 任由感官外驰，不能知止，不知足之"妄"（英译 wanton or unrestrained，法译 Présomptueux ou sans contrainte），则终将"流离失所"而"亡"（英译 vanish，法译 Disparaître，参 Charles Q. Wu, *Thus Spoke Laozi: A New Translation with Commentaries of Daodejing*, Honolulu: University of Hawaii Press, and Beijing: Foreign Language Teaching and Research Press, 2016, p. 74-5.）。

人遗忘的人，才算得上真正长寿。

【法译】

Qui connaît les autres est sagace; qui se connaît soi-même est illuminé.

Qui vainc un autre homme est fort; qui se vainc soi-même est encore plus fort.

Qui sait être content est riche; qui agit avec la vraie force a du caractère.

Qui ne s'écarte pas de sa place vit longtemps; qui est mort sans que son esprit soit oublié par les autres, atteint la vraie longévité.

【英译】

He who knows others is sagacious; he who knows himself is enlightened.

He who overcomes the other man is strong; he who conquers himself is stronger.

He who knows how to be content is rich; he who acts with true force has character.

He who does not depart from his place lives a long time; he who dies without ending attains true longevity.

【解意】

不带私心的自然丹意能够超越有限与对待，即便肉身消失，自然之意也永恒流传，可以天长地久，意丹无尽的能量与世间无尽的物化生成化合，这才是真正意义上的永生不灭。不失其所是指不会脱离大道作为其永生的源头活水，也就是与大道同在。修身之道不外乎性命二途。人想要尽性立命，就要先存心养性，保命全形，不断修炼源生大道，在道意的境界上不断积累，从而让本性生长圆润，修性就是修天命在我之本性的状态。如果想要尽心，必须要先知性，要先知道人生本来纯乎天理，与道同来的人性本身原来不杂人欲，所以人具备天生的睿智。从本性出发，遏制私欲，存养天理，时时省察，刻刻防闲，在起心动念处去掉私欲，让天理时刻在意念发动之时流行，这就是洞见大道和本性相通的本来面目，这就是圆明妙觉的悟道境界。

修丹是一个不断剥落的过程，先要入定，之后不断做剥的功夫，剥肤存液，剥液存神，剥神还虚，层层剥尽，直到与道合体，融为一身。修丹的过程起火有时，止火有候，知止养丹，进火以养丹，退火以温丹。达到至诚无息、与道同体的境界，如果能够与道不息，则能够长长久久。凡人之死，死则神散，圣人之死，死犹神足而完备，这就是进入"死而不亡者寿"的长生境界。

道学中凝聚着中华民族的灵魂，道学之教深深扎根于中国的土地上，道教的生命力在中国的历史、文化、民众之中，其形态随着历史发展和民众风俗习惯的改变而变化。道学的时代性、实践性与发展性，其实是古老丹意的老树新芽，是关于生生不息的大道的学问。

第三十四章

大道泛兮 其可左右

【原文】

大道泛兮，其可左右？①

万物恃之以生而不辞，功成而不有。

衣养万物而不为主②，可名于小；万物归焉而不为主，可名为大。

以其终不自为大，故能成其大。

【中译】

大道广泛流布啊！它像水一样流动，没有定向，如何才能左右和控制得了呢？

但万物都依赖道才能生长，道也不干涉万物。这成就了造化万物的大功，但道从来不自居其功。

道生养化育万物，但并不主宰它们，所以可以把道称为"小"。万物都归附于道啊，可是道并不主宰万物，所以可以把道称为"大"。

正是因为道始终不主宰万物，也不自命为"大"，所以反而成就了它的"大"。

【法译】

La grande Voie se répand en tous sens comme un flot. Comment irait-elle soit à droite soit à gauche?

Tous les êtres s'appuient sur elle pour vivre et elle ne se refuse à aucun. L'œuvre accomplie, elle n'en revendique pas le mérite.

---

① 丹意充满世间，如水之就下，恒稳坚忍，无限充盈。英译一般为"It may go left or right"儒莲法译为"Le Tao s'étend partout"（大道无处不在），戴闻达译为"Que la grande Voie est ambiguë!"（大道模棱两可）。本书译为"La grande Voie se répand en tous sens comme un flot. Elle peut aller à droite ou à gauche"（道如洪水八方蔓延，可以左右）。

② 不为主是不自以为主宰，并不是字面上的不加以主宰之意，如陈荣捷译文"it does not master them"只得字面之意，虽然可以说，道对万物起帮助而非主宰作用，但最为根本的是，道在成就万物的同时，主观上并没有主宰的意愿，如刘殿爵译为"it lays no claim to being master"(*Lao Tzu: Tao Te Ching*, London: Penguin, 1963.)，比较接近，强调道虽然主宰万物，但主观上没有主宰的意志。法译为"Il aime et nourrit tous les êtres, et ne se regarde pas comme leur maître"（爱和滋养所有的生物，不将自己看作是他们的主人）。

Elle vêt et nourrit tous les êtres et ne se prétend pas leur maître. Constamment sans désirs, on peut la nommer "Modeste". Puisque tous les êtres retournent à elle, sans qu'elle se prétende leur maître, on peut la nommer "Grande".

C'est parce qu'elle ne se reconnaît jamais "Grande" qu'elle accomplit sa "Grandeur".

【英译】

The Great *Dao* spreads in all directions like a flood. How can you direct her to go right or left?

All beings rely on her to live, and she refuses none. The work accomplished, she does not claim the credit.

She clothes and feeds all beings, and does not claim to be their master. Constantly without desires, she can be called "Petite". Since all beings return to her, without her claiming to be their master, she can be called "Great".

It is because she never calls herself "Great" that she fulfills her "Greatness".

【解意】

一花一世界，一叶一如来，世间万物都是大道的显化。天道之意不易理解。大道包容万物，不分大小，悉数包裹。道意流行，但从不主宰世间事物，也从不认为自己的功劳很大。如果离开大而无外的道意，万事万物就都不能呈现生化，但是大道从来不会据外物为己有，不会居功自傲，不会炫耀矜持。因为大道不自是、不自生，所以能够长生久视。

老子和盘托出安身立命之本。大道能够成就万事万物，同时大道之意愿永不懈怠，永葆青春之美妙。一切生命功能的泉源，都从"静"中来，那是自然之意的功能和作用。身体这个小宇宙有自己的运行规律，顺其自然之意即可。打坐之时，凝神入气穴，气息绵和，精融气化，液液解冰，河车依自然之意缓缓流转，神气道意，不大自大，不炼自炼，终成至大至刚之浩然正气，充塞天地。

第三十五章 道之出口 淡乎无味

【原文】

执大象，天下往。往而不害，安平太。

乐与饵，过客止。

道之出口，淡乎其无味，视之不足见，听之不足闻，用之不可既[①]。

【中译】

抱执着大道，天下都会来归附。执道而往天下，道不会伤人，也不会伤物，如此就会国泰民安，天下太平。

礼乐教化（歌舞表演）与物质享受，可以引诱过路人放弃他们本当继续前行的心志。

有道之言从口里说出，好像淡然无味，想看它却看不见，想听它却听不到，但它却可以取之不尽，用之不竭。

【法译】

Celui qui garde la grande Vision, tout le monde accourt à lui. On vient à lui sans subir de tort, ne trouvant que paix, tranquillité et félicité.

La musique et les mets choisis font s'arrêter le passant;

Mais pas les paroles au sujet de la Voie car elles sont fades et sans goût.

Regarder la Voie ne suffit pas pour la voir; l'écouter ne suffit pas pour l'entendre. On en use mais elle ne s'épuise pas.

【英译】

He who guards the great Image, everyone runs to him. One comes and suffers no wrong, finding only peace, tranquility, and bliss.

Music and the fine food make passers-by stop their journey.

As for the words about the *Dao*, how insipid and tasteless! Looking at it is not

---

① "既"是尽意，英译为"exhausted"，法译为"Mais en use-t-on, elle ne peut être épuisée"（用之不竭）。

enough to see it; listening to it is not enough to hear it. But if it is used, it cannot be exhausted.

【解意】

大象指代生养万物的大道，道无所不生。道是无象之象，也是无极而太极之象。道既能范围天下万物而不过，又能曲成万物而无所遗漏。自然之意如同亘古幽远的平原，看过去什么也看不见，听起来什么也听不见。想用言辞描述大道，却发现大道是如此平淡无味。大道从来没有味，但是无味中有至美之味，是可以通天达地的中和境界。

修丹之人执守大道之意，合于大道之境，治身则能够让天降神明护佑，往来于己身。修丹时凡息不停，真息不见。在动极而静之际，忽来真意，就要以意主持之。好像打坐之时，恍恍惚惚，在阴阳交媾的静定之中，感受到一缕热暖气流周身涌动，这就是真铅化生之象。关键在于，修炼从一开始就要以道意贯注，不要用私心私意去揣度，不可掺入一丝一毫之己意，不然药物生成的状态会受到干扰，品质会大大下降。

丹意哲学在社会伦理方面提倡慈、俭、不争，还有公平、善良等观念。道学之士热爱和平，致力于保护生态环境，提倡尊贵生命、谦和礼让、不贪权势货利等基本价值观，这些都有重要的伦理意义。道学的社会伦理思想的核心是社会应依从天道来治理，而天道的自然丹意是需要意会的，基于此的伦理观应该引领和规范着社会，让社会中的人都能够顺道而生，成就与道同行的美好人生。

第三十六章　国之利器　不可示人

【原文】

将欲歙之，必固张之；将欲弱之，必固强之；将欲废之，必固兴之；将欲取之，必固与之。是谓微明[①]。

柔弱胜刚强。

鱼不可脱于渊，国之利器不可以示人。

【中译】

想要使之缩小，就必须暂且扩张它；想要使之削弱，就必须暂且增强它；想要使之废弃，就必须暂且兴盛它；想要谋取它，就必须暂且给予它。这就是能够洞察幽微征兆的明白智慧。

柔弱能够战胜刚强。

正如鱼不能离开水存活一般，国家的权谋利器（是立国之本），不可以展示给普通人。

【法译】

Si l'on veut réduire, il faut laisser grandir. Si l'on veut affaiblir, il faut laisser se fortifier. Si l'on veut ruiner, il faut laisser prospérer. Si l'on veut prendre, il faut savoir donner. C'est là ce qu'on appelle "cacher la lumière".

Le tendre et le faible vainquent le dur et le fort.

Le poisson ne doit pas sortir des profondeurs. Les moyens d'action les plus efficaces de l'État ne doivent pas être montrés aux hommes.

【英译】

If you want to reduce something, you have to let it grow. If you want to weaken something, you have to let it be strengthened. If you want to ruin something, you have

---

[①] 微明指丹意在事物之中微妙的显明；一说为微妙的先兆，洞彻幽微征兆的大智慧。"微"通常译为"subtle"，张钟元译为"invisible"更贴切（*Tao: A New Way of Thinking. A Translation of Tao Te Ching*. New York, 1975.）。柔力是丹意的柔性展示，丹意从不以刚强示人。老子更多强调的是"柔之胜刚"的智慧。戴闻达译为"C'est ce qui s'appelle une vision subtile"（微妙的视觉），本书译为"C'est là ce qu'on appelle "cacher la lumière"（被隐藏的光）。

to let it prosper. If you want to take something, you have to know how to give. This is called "hiding the light".

The soft and the weak conquer the hard and the strong.

Fish must not come out of the depths. The most effective means of action of the state must not be shown to men.

【解意】

像鱼都不能离开水而存活一样，人不能离开道而生活，道好像空气和水，是生命赖以维持的根基。换言之，如水一般的道，好比道意自生之水，更如"天一生水"一般的一元先天之水。修道的过程似乎总是在虚无中寻宝，在先天境界当中下功夫。能够让人长生的天一真水并不是有形有象的水，而凡是有形质的精和水，都不可能是长生的材料。虽然老子说"其精甚真"，但这种"精"其实是从恍惚静定、虚无自然之意而生的天一真炁的"精"。

从虚无一般的先天真炁当中领悟"精"华，这样的天机需要仔细揣磨，所以也有"道者，盗也"的说法，指的是修丹之士需要从灭机中盗取生机，长生的秘密其实是在虚空中取得的。或者说，从人身虚静处取得的"精"才是真精，这是道意所生之"精"。修丹者以真意转化身心实存的状态，让道意生发、反转的过程中，主导着以意化境的微妙境地。"反者道之动"是丹道修行的辩证法，"反"是道意天生的运动，更是变化发展的总机关。在无处、无时不在的矛盾转换中，在阴阳交流的边界，道意关联着真炁生成化育的各个方面，其中的机关、成分微妙难言，但总离不开肯定与否定的辩证境界。归根结底应该不用操持，如宇宙在手，万化随心所欲，因为宇宙之心即是道意。在大道运行流转的过程中，尤其是在对抗强力和不可抗力的过程中，与其用刚强的心态去应对，不如用柔弱的方式应对，相信有韧性的柔弱并不是真正的柔弱，尤其是最后柔弱能够战胜刚强。

这种柔韧胜刚强的思想，似乎违背常识，但其实是一种难以言传的秘密。就好比鱼的生存离不开水，这本来是一个常识，但对于没有意识到这一点的人来说，领悟的时候，就好像发现了非同寻常的秘密，有一种突然开悟的感觉。同样，治国的法宝一般人不可能知道，而且知道的人不可以向他人炫耀。虽然天机至秘，但总是能够帮助和保护好人。正是因为在无可企及的大道面前，适当采用退让、收敛、无为的方法去接近、去开悟，所以秉承大道的丹意德行，最终都会获得成功。

丹意的心灵哲学就是道学的丹道性命学，人类的生命之谜和心灵之谜隐藏在丹道之中，故而内丹学也称为丹道性命学。我们要破解生命和心灵之秘，首先要认识生命的基本活动，它们是科学、哲学和宗教这三种文化要素的交汇点。丹意对于人类的生活而言，隐含着生命的秘密。

第三十七章

道常无为 天下自定

【原文】

道常无为而无不为。

侯王若能守之，万物将自化。① 化而欲作，吾将镇之以无名之朴，无名之朴，夫亦将不欲。不欲以静，天下将自定。②

【中译】

恒常大道顺应自然，看似无所作为，实际上却无所不为。

侯王如果能持守大道运化的常理，万物将各顺自性，化生不息。在万物生化的过程之中，如果贪欲萌作，想要有所作为，我将用无可名状的真朴状态去镇抚贪欲和作为。无可名状的真朴状态会安定消解欲望，进入无欲状态。万物与人民都兴不起欲望，就会趋于清静，天下也就能自然而然地复归安定状态。

【法译】

La Voie n'agit pas, et pourtant il n'y a rien qui ne se fasse.

Si rois et seigneurs étaient capables de s'en tenir au non-agir, tous les êtres s'accompliraient d'eux-mêmes. Si, lors du cours des choses, des désirs surgissaient, je les contiendrais, en rappelant les êtres à la simplicité du sans-nom. La simplicité du sans-nom engendre l'absence de désirs. Le sans-désir crée la sérénité; tout sous le Ciel se règle de lui-même.

---

① Arthur Waley 将"自化"译为"at once be transformed"（*The Way and Its Power, A Study of the Tao Te Ching and Its Place in Chinese Thought*, Grove Press, 1934, 1958.），而安乐哲译文 "develop along their own lines" 更有神韵。事物都有其自在的潜能，管理的艺术在于激发其自生自为的内在力量，让其顺丹意而生长发育，实化潜能。这种内在的潜能，道家没有赋予其道德意味，儒家则认为是天道自然之善，名之曰"良知""良能"，其实是说，顺丹意的内在力量就是好的、善的。儒莲译为 "Si les rois et les vassaux peuvent le conserver, tous les êtres se convertiront"（如果国王保留它，人们会皈依），本书译为 "Si rois et seigneurs étaient capables de s'y tenir, tous les être s'accompliraient d'eux-mêmes"（如果国王能够坚持下去，所有人都会实现自己）。

② 自定是天下自己安定，如刘殿爵译为 "at peace of its own record"，归于丹意之正，安乐哲译为 "be properly ordered of its own accord"。法译为 "Le sans-désir crée la sérénité, et tout sous le Ciel se règle de lui-même"（无欲望创造宁静，天空下的一切都会自我调节）。

【英译】

The *Dao* is always without acting, and yet there is nothing that is not done.

If kings and lords were able to stick to it, all beings would be fulfilled by themselves. If, during this development, desires arose, I would contain them, by recalling beings to the simplicity of the nameless. The simplicity of the nameless engenders the absence of desires. Absence of desire creates serenity, and then everything under Heaven regulates itself.

【解意】

从字源上看，丹乃日月共和共生之意。此章的本意是用恒常大道来治国，而治国的基本方式是顺应自然。老子强调，要看似什么都没有做，但其实什么都做得很好。老子言说的对象是侯王，希望统治者能意会，进而持守大道运化的根本，不要折腾百姓，帮助人们各顺自性，让民众都能自由自在地生存，让万物休养生息，从而能够化生不息。在静观万物生化的过程中，要时刻警惕自己贪欲萌作，也不要想有所作为，时刻提醒自己，要保养大道那种无可名状的真朴状态，时刻去镇抚贪欲和作为。要相信，无可名状的真朴状态会帮助人民安定消解欲望，使民众进入无欲状态。宗旨是希望万物与人民都兴不起欲望，那样社会就会趋于清静，民众自然而然地复归安定状态，进入无事的理想状态，从而实现天下太平的治国理想，这与"政治就是折腾和运动"的理解，可谓完全相悖。

内丹机理是拒绝折腾的。生命本来脆弱，折腾消耗元炁，对自己和周围都不好。就自身修炼来说，要努力逆转生命向死而生的状态，减少能量耗费，努力维持阴阳和合的化境。在生成逆转的修炼过程中，有大量新鲜化合物生成，但这不是丹的终极，丹意与丹经所谓的圣胎，都不是具体有形的物质，应该理解为一种道意，一种静观万物生成的全新意识境界。让自己进入一种新生命形态，感到自己与先天真意、与道相合，道心与自己的人心时刻合而为一。此刻，道在意中，意因道生。人的私心与世俗化的欲望或习性，都顺从地化为静谧的道境，自生自成，无声无息。

道以无为而无不为的状态常存天地自然之间，但此无为不是空洞枯寂的状态。用意识领悟的道境，即是道意，常应常静，弥纶六合，退藏于密。意识发动，与道相合，时刻持守无为中道而有为，有为中道而无为，感通天下万物的性情，好像声音相和的状态。道意状态无为、无思、无虑，无欲以静，真朴纯粹，大至治国理政，小到修身齐家，都是如此。侯王百姓，富贵贫贱，都不能离开修身的根本道理。道意真诚无私，说其像无名之朴，其实也是多余的名相，根本则无私无欲，清静自正自化。道意一以贯之，对天下事物一视同仁，如若无为，而真实有为。

第三十八章

上德不德　是以有德

【原文】

上德不德，是以有德；① 下德不失德，是以无德。

上德无为而无以为；[下德为之而有以为。] 上仁为之而无以为；上义为之而有以为。上礼为之而莫之应，则攘臂而扔之。

故失道而后德，失德而后仁，失仁而后义，失义而后礼。夫礼者，忠信之薄，而乱之首。前识者，道之华，而愚之始。

是以大丈夫处其厚，不居其薄；处其实，不居其华。② 故去彼取此。

【中译】

上德之人合于大道，对人有德，但不会自以为有德，所以有德；下德之人，一对人有德就唯恐有失，所以反而显得无德。

上德之人有德是因大道而有所得，显得无所作为，而且无心无意作为；（下德之人有所作为，而且有心有意作为；）最上乘的推崇仁的人，依从仁爱去有所作为，其实是无心无意作为；最上乘的推崇义的人，依从情义去有所作为，其实是有心有意作为；最上乘的推崇礼的人，依从礼仪去有所作为，但如果没有人响应他，他就撸起袖子伸出手臂，强迫拉拽他人去遵循礼仪。

可见，大道丧失了，社会才讲道德；社会丧失了道德，人们才讲仁爱；人们丧失了仁爱，彼此才讲公义；彼此丧失了公义，大家才讲表面的礼仪。所谓"礼"的出现，是因为忠信已经变得淡薄，而且会成为祸乱的开端。至于从前那

---

① Arthur Waley 把"德"译成"power"（《道德经》中英对照版，外语教学与研究出版社，1999 年，第 79 页），刘殿爵译成"virtue"（*Tao Te Ching*, Hong Kong: Chinese University of Hong Kong Press, 2001, p. 57.），安乐哲译成"most excellent""excel""highest efficacy"（安乐哲，郝大维：《道不远人——比较哲学视域中的〈老子〉》，何金俐译，学苑出版社，2004 年，第 174 页）。陈汉生认为，把"德"译成 virtuosity，强调行道的美感，而不纠结对错两分的价值观（*Daodejing: On the Art of Harmony*, New York: Shelter Harbor Press, 2017, p. 32.）。法译为"La vertu supérieure ignore sa vertu"（更高的美德忽略了它的美德）。

② "实"与"华"作为一对相反概念，前者为本，后者为末。刘殿爵和陈荣捷译为"fruit"和"flower"，较为写意，张钟元译为"reality"和"appearance"，较直接地呈现其"本质"与"现象"的关系，也表现老子力图抓住根本大道的意旨。法译为"fleur"（花）。

些自以为有见识的人，他们看重的其实是"道"的浮华外表，这些人所推崇的，才是真正愚昧的开始。

由此，大丈夫身处敦厚的大道中，不会过分介意表面浅薄的礼仪；用大道真朴的实在状态来立身，不过分介意浅薄浮华的外表。所以有道的人会舍弃那些表面浮华的礼仪，而取用那些合道的、淳厚朴实的得道状态。

【法译】

La haute Vertu ignore sa vertu; c'est pourquoi elle est vertu. La moindre vertu n'oublie jamais sa vertu; c'est pourquoi elle n'est pas vertu.

La haute vertu est sans action et sans intention. La moindre vertu concerne actions et intentions. La haute humanité agit, mais n'a pas d'intention. La haute justice agit et a des intentions. La haute ritualité agit et exige la réciprocité; sinon elle retrousse ses manches et se porte en avant.

Ainsi, après la perte de la Voie, vient la Vertu; après la perte de la Vertu, vient l'humanité; après la perte l'humanité, vient la justice; après la perte de la justice, vient la ritualité. La ritualité est plus fine encore que la loyauté et de la bonne foi, et est le premier pas vers le désordre. La connaissance est l'ornement fleuri de la Voie et le commencement de la sottise.

L'homme vrai s'en tient à l'épais et ne s'arrête pas au mince; il s'en tient au noyau et ne s'arrête pas à la fleur. Il rejette ceci et choisis cela.

【英译】

Superior virtue ignores its virtue; that is why it is virtue. Inferior virtue never forgets its virtue; therefore it is not virtue.

Superior virtue is without action and without intention. Inferior virtue has both actions and intentions. Superior humanity acts, but has no intention. The higher justice system acts and has intentions. Superior ritual politeness acts and requires reciprocity; otherwise it rolls up its sleeves and is carried forward.

Thus, after the loss of the *Dao*, comes virtue; after the loss of virtue, comes humanity; after the loss of humanity, comes justice; After the loss of justice, comes the politeness of ritual. Ritual politeness is the thin layer of loyalty and good faith, and the first step towards disorder. "Prescience" is the flowery ornament of the *Dao* and the beginning of foolishness.

The true man sticks to the thick and does not stop at the thin; he sticks to the core and does not stop at the flower. He rejects this and chooses that.

【解意】

上德者修道成丹，如赤子之诚，一心不二，身心一体，正本清源。得道的上德之治，好像垂衣裳而天下自治。不得道的下德者，看起来昭昭察察，沾沾自喜，殊不知早已愚蠢之至。老子对儒家治理可谓极尽嘲讽和贬低，认为儒家的仁德其实是失去道之后才提倡的，至于儒家提倡的仁爱，那更是连仁德都失去之后才有的。当仁爱也失去之后，就有了所谓的道义，而失去道义之后，儒家就继续提倡礼仪。在老子看来，具体的礼仪其实是缺乏忠信和诚实的产物，更是祸乱的开始。世俗社会所谓有先见之明的人，其实不过流于道的虚华表面，也是愚昧的开始。在老子看来，大丈夫应该立身敦厚，不可以自居浅薄；为人需要朴实，不可以过度注重浮华的外表。

古人认为，世上男女如果没有媒妁之言，没有通过相识的媒介，就很难产生交往和交流，更难结为夫妻，不能传宗接代。丹道要修成意丹，也是如此，无意不能成丹，需要领悟先天真意，也要借助阴阳交媾之媒妁，通过道意去对道心加以把控。如果没有丹意的牵引，元气自己不能升降。修丹的时候，玄关一窍打开，元神、道意、真意都是无私无心的自然真意。修炼的仙家其实没有太多玄妙的机理，最主要的还是明心见性，这本身就是修炼的要诀。上德的人什么都不需要，守道而率其本性，甚至不知如何有德而成德，就可以让其德常存不败。历来丹道修炼有大成就的人，从起心动念开始，心心相印皆在无意、无为、无相之间。一般的修士往往需要修炼有为之法，以有得的努力修炼得到的，还是下德。

修道之人接续真意，时刻返本归元，归根复命，所以当然不能停留在仁义礼智的虚华之境。在社会常识当中，上德的人无需作为，只要率性而动，甚至没有有德与无德的意识的分别，也没有上德和下德的分殊，全然是道意之德，自然而然。所以老子反对儒家道德，认为一旦外表的道德成为私心私意仰慕的美名，就被下德有为之人用于伪善造作，等而下之。

第三十九章 得一守正 贵为贱本

【原文】

昔之得一者：天得一以清；地得一以宁；神得一以灵；谷得一以盈；万物得一以生；侯王得一以为天下正①。

其致之也，谓天无以清，将恐裂；地无以宁，将恐废；神无以灵，将恐歇；谷无以盈，将恐竭；万物无以生，将恐灭；侯王无以正，将恐蹶。

故贵以贱为本，高以下为基。

是以侯王自称孤、寡、不榖。此非以贱为本邪？非乎？故至誉无誉②。是故不欲琭琭如玉，珞珞如石。

【中译】

上古以来那些得道的：天得了道才会深湛清明，地得了道才会安宁通泰，神得了道才会灵应难测，大河峡谷得到了道才会盈满奔腾，万物得了道才会化生无穷，侯王得了道才会促进天下的安定和平。

使得道的能够如此的是大道，如果天没有使它清明的大道，恐怕就要分裂；如果地没有使它安宁的大道，恐怕就要崩塌；如果神没有使它灵应的道，恐怕就要止歇；如果山川峡谷没有使它们充盈的道，恐怕就要干涸枯竭；如果万物没有使它们化生的道，恐怕就要绝灭；如果侯王没有能够安定平正天下的大道，恐怕就要覆灭。

于是，天、地、神、谷、万物、侯王之高贵，都要以道的卑贱为根本，其崇高，其实是以道的低下为基础的。

因此侯王自称"孤（家）""寡（人）""不榖（受众人追捧）之人"。这不正是以卑贱为本吗？难道不是吗？可见最高赞誉其实是无需夸誉的。不必艳羡美玉的华丽高贵，而应追求顽石般的淳朴卑贱。

---

① "正"是安宁平正的意思，王弼本作"贞"，意为首领或天下的法式、模范，英译常为"leaders"或"rulers"，法译为"les seigneurs et les rois"（领主和国王）。

② 刘殿爵（D. C. Lau）译成"highest renown is without renown"(*Tao Te Ching*, Hong Kong: Chinese University of Hong Kong Press, 2001, P59.)。

【法译】

Voici ce qui participe à la primitive Unité: le Ciel, par la vertu de l'Unité, est lumineux; la Terre, par la vertu de l'Unité, est stable; les esprits, par la vertu de l'Unité, sont actifs; les vallées, par la vertu de l'Unité, sont pleines; les Dix mille êtres, par la vertu de l'Unité, naissent; les seigneurs et les rois, par la vertu de l'Unité, sont les maîtres de Tout-sous-le Ciel. Ce qui fait advenir tout cela, c'est l'Unité.

Sans ce qui le fait lumineux, on craindrait que le Ciel ne se déchire; sans ce qui la fait stable, on craindrait que la Terre ne vole en éclats; sans ce qui les fait actifs, on craindrait que les esprits ne se figent; sans ce qui les fait pleines, on craindrait que les vallées ne s'épuisent; sans ce qui les fait naître, on craindrait que les Dix mille êtres ne s'éteignent; sans ce qui les fait nobles et élevés, on craindrait que les seigneurs et les rois ne chutent.

Car le noble a pour racine l'humble; le haut se fonde sur le bas.

Aussi les seigneurs et les rois se nomment-ils eux-mêmes: "orphelins", "délaissés", "indigents". N'est-ce pas qu'ils considèrent l'humilité comme racine? Car l'honneur suprême est sans honneur: le Sage ne veut pas avoir l'éclat d'une pierre de jade taillée, mais être tel le caillou ordinaire.

【英译】

This is what participates in the primitive Unity: Heaven, by virtue of Unity, is luminous; the Earth, by virtue of Unity, is stable; the spirits, by the virtue of Unity, are active; the valleys, by the virtue of Unity, are filled; the Ten Thousand beings, by virtue of Unity, are born; lords and kings, by virtue of Unity, are the masters of All-under Heaven. What produces all this is Unity.

Without what makes it luminous, one would fear that Heaven would be torn asunder; without what makes it stable, we would fear that the Earth would be shattered; without what makes them active, one would fear that minds would freeze; without what makes them filled up, one would fear that the valleys would be exhausted; without what gives birth to them, one would fear that the Ten Thousand Beings would become extinct; without what makes them noble and elevated, one would fear that lords and kings would fall.

For the noble has the humble as its root; the high is based on the low.

Thus the lords and kings call themselves: "orphans", "abandoned", "indigent". Is it not that they consider humility as their root? For the supreme honor is without honor: the Sage does not want to have the brilliance of a cut jade stone, but rather to be like ordinary stones.

【解意】

维特根斯坦在《逻辑哲学论》中说：凡不可说者，必须保持沉默。中国传统道学的优点与缺点都与不可说有关：语言的混沌化与混沌语言的体悟化。可是，如果人们不借助语言，又如何描述道呢？如果只借助语言，人们又如何描述那些不可言说之物，比如道呢？这似乎是二律背反的困境。在禅宗和内丹的真意、道意上，或许可以有一种更便捷可靠的法门。道意不是逻辑先在的自在之物，而是依境而生的自为之物，也就是在生成的场域中，道意与场域的具体万物合而为一，万物彰显道意，道意因万物而生，这就是色不异空、空不异色、缘起性空之道意的注释。

天、地、神、谷等自然物都获得清、宁、灵、盈、生的"一"，这个"一"指的就是道。得道之人领悟自然之意，继而顺道而成自然之物。人心与道意的交融和互动，在日月星辰之间，在繁花流水之时，生机无限、生机盎然。丹道修炼不可以三心二意，须慎终如始，抱一持守。一心无两念，方是守一之道，得一而万事毕。所谓制心一处，无事不办，就是要时刻与道意在一起，从不分离。

第四十章

反者道动　弱者道用

【原文】

反者道之动①，弱者道之用。

天下万物生于有，有生于无②。

【中译】

周而复始，是道的运动状态，示弱而不争，是道运动时发用的方式。

天下的事物都从"道"实有的状态里化生出来，而"道"的实有状态其实又从其虚无的状态中化生而来。

【法译】

Le retour est le mouvement de la Voie; la faiblesse est la méthode de la Voie.

Les Dix mille êtres sous le Ciel sont issus du "il y a"; le "il y a" est issu du "il n'y a pas".

【英译】

Return is the movement of the *Dao*; weakness is the method of the *Dao*.

① "反者"是回返、返归、循环往复的意思；一是相反、反对、对立面的意思；英译有"returning""turning back"（D. C. Lau, *Tao Te Ching*, Hong Kong: Chinese University of Hong Kong Press, 2001, p. 61.），"reversal"（Chad, Hansen: *Daodejing: On the Art of Harmony*, New York: Shelter Harbor Press, 2017, p. 121.）等。道之运动向自身回归，向相反方向而成。一说"反"是宇宙万物繁盛的反面，即虚静之处蕴藏着无穷的生发动力。"反"是意之反，因为事物本体无所谓正与反，事物与意交接，则必有正有反，事物的浑沌性在与意交接的瞬间就必须消解，可见"反"是意接物之必反，不仅是存在意义上的反，而且是事物运动意义上的反。儒莲译为"Le retour au non-être (produit) le mouvement du Tao"，戴闻达译为"Le retour est le mouvement de la Voie"。

② 借用海德格尔以"道（Tao）本成（Ereignis）"即"大道发生"为"有"，那么"无"则对应于谢林哲学的"Nicht wollen（意于无、无意）""gelassene Innigkeit（泰然自在的内在性）"，以及海德格尔所谓永不会消失的、保持于己身之中的"未曾"（noch nicht，参赖贤宗：《道家诠释学》，北京大学出版社，2010 年，第 88—89 页）。安乐哲译"有无"为"determinate and indeterminate"（决定者与非决定者，参安乐哲，郝大维：《道不远人——比较哲学视域中的〈老子〉》，何金俐译，学苑出版社，2004 年，第 180 页）；理雅格（1891）译为"有无""existent with name（有名的存有）"，"non existent with no name（无名的非存有）"，刘殿爵译为"something"和"nothing"，各有道理。

The ten thousand Beings under Heaven come from the "there is"; The "there is" comes from the "there is not".

【解意】

西方文明自古希腊开始，就有此岸彼岸的对立对待，理念世界与现象世界的二元分析，但在中国思想文化之肇始，中国先哲几乎都没有把这类对立剖分当作立说的根基和旨趣，这说明中西世界观从形成之初就存在巨大差异。在中国先哲看来，把道孤悬于世界之外是不可想象的。道显示的正是万物运动变化的具体情势，有与无并没有高低贵贱之别，二者的生成，具有同等的趋势和地位，空空如也其实正是无限万紫千红世界的可能性的先导。可以说，没有这样的"无"，想化生万千的"有"，反而不可能。

丹意之本者，道之所以动，动生万物，背之则亡。柔弱者，道之所常用，故能长久。天下万物皆从天地生，天地有形位，故言生于有也。天地神明，蚑飞蠕动，皆从道生，道无形，故言生于无也。此言本胜于华，弱胜于强，谦虚胜盈满也。道本至阳至刚，必须忍辱柔和，始克养成丹道，太上所以有挫锐解纷、和光同尘之教。

自然丹意，相反相成，反者道之动，这是炼丹之始基。修道者当以谦和的态度处理事务，如果稍有粗豪，动了凡火，那就可能害道。天下万事万物虽然都始于有形有象，有物有则，然其不是从"有"肇始的。圣人悟得大道，要成就自身之德，总是要从至虚至无里去采炼，然后大用流行，浩气充塞。如果不是从无而炼，那就很难弥纶天地。学人修养从一开始都是自无而有，从静笃中炼出微阳来；之后自有而无，从蓬勃复归于恬淡；到最后又自无而有，陷入混混沌沌、人我俱忘的境界。可见有有无无，回环不已，迭运靡穷。

丹意道生，生生不已。丹意无意，有无共相。领悟宇宙源初大道的老子、庄子等哲人"游心于物之初"，穿越宇宙万物的一切具体属性，意会宇宙的起始点和产生万物的总根源，体悟到宇宙万物中最原始的丹意共相。道是对世界根本存在的真知，被称作"道"是因而为所有符号指称都不能确切表述其存在。因为语言符号的指称只能描述对象的属性，是相对知识，而道作为根本知识，虽然可知，却难以言说。

　　道这个名称被用于指称宇宙万物的本原，道本身有体有用，即体即用。道作为道体，是宇宙万物的形而上的原始本体，以"无"和"有"两种状态呈现出来。首先是"无"，即宇宙创生之前的虚空状态，或称为"天地之始"，"道"以"无"的方式呈现出质朴性和纯粹性。"道"以"有"即宇宙创生之际含有一片生机的混沌状态呈现出来，称为"万物之母"，即有潜在性和无限性。无论是以"无"还是"有"的状态呈现，道都是自本自根、自生自化、自然而然的。

第四十一章 大音希声 大器晚成

【原文】

上士闻道，勤而行之；中士闻道，若存若亡；下士闻道，大笑之。不笑不足以为道。故建言有之：

明道若昧，进道若退，夷道若颣。

上德若谷，大白若辱，广德若不足；建德若偷，质真若渝。

大方无隅，大器晚成，大音希声，大象无形，① 道隐无名。

夫唯道，善贷且成②。

【中译】

悟性高的、志于道的利根之人一听到大道，马上就坚持不懈地去努力践行；悟性中等的士人一听到大道，会觉得它若有若无，将信将疑；悟性下等的士人一听到大道，反而会哈哈大笑，以为大道荒诞不经。如果大道不被俗陋的人嘲笑，那就算不上高深玄妙的大道。因此古代关于大道建立的言论有：

大道如此光明且明白，却好像暗昧且不清；在大道上修行进步，好像是在倒退止步；大道如此平顺，走起来却好像崎岖难通。

合于大道的德如此崇高，亲近了却像面对低下的山谷；大道如此清净洁白，近看却像含垢受辱的状态；合于道的德如此广大，却像无法充盈也不富足的状态；依从大道建立德行，却像不断减损、永不自满的状态；大道的本质如此纯真，却像在不断变得污染混浊。

大道如此方正，却像没有棱角的状态；大道可以成就伟大的人和物，但似乎都要很晚成就，甚至几乎难以完成；大道发出自然之声，可是听起来似乎细微到无声；大道的形象看起来无状无形；大道如此幽隐而无法名状，辅佐万物却没有名声。

确实只有大道啊，最善于济助施布，并成就万事万物。

---

① "大器晚成"意为从未完成，犹如很晚完成至于几乎没有完成之时。"大象无形"，英译如陈汉生译为"The greatest artefact is never formed"（*Daodejing: On the Art of Harmony*, New York: Shelter Harbor Press, 2017, p. 122.）。法译为"une grande image dont on n'aperçoit point la forme"或"La plus grande image n'a pas de forme"。

② 贷是施与、给予，引伸为帮助、辅助，如张钟元英译为"furnishes all things and fulfills them"（*Tao: A New Way of Thinking. A Translation of Tao Te Ching*, New York, 1975.）。法译为"c'est elle seule qui aide et qui achève bien"。

【法译】

Quand un esprit supérieur est instruit par la Voie, il la suit avec zèle. Quand un esprit moyen est instruit par la Voie, il en retient et en laisse. Quand un esprit inférieur est instruit par la Voie, il en rit aux éclats. S'il n'en riait pas, la Voie ne serait pas la Voie. Car l'adage déclare:

La Voie vers la lumière paraît obscure; la Voie vers le progrès paraît rétrograde ; la Voie unie paraît raboteuse;

La plus haute vertu est comme une vallée; la candeur suprême est comme souillée; la vertu la plus vaste est comme insuffisante; la vertu la plus vigoureuse est comme indolente; la réalité la plus vraie est comme évanescente.

Le Grand carré n'a pas d'angles. Le Grand vase tarde à être achevé. La Grande musique a le son le moins audible. La Grande Image n'a pas de forme. La Voie est cachée et sans nom.

Pourtant c'est elle seule qui mène au bon achèvement.

【英译】

When a superior mind is instructed in the *Dao*, he follows it zealously. When an average mind is instructed in the *Dao*, he retains some and leaves it. When an inferior mind is instructed in the *Dao*, he laughs out loud. If he did not laugh at it, the *Dao* would not be the *Dao*. For the saying goes:

The *Dao* to the light is as if were dark; the *Dao* to progress is as it were retrograde; the Smooth *Dao* is as if rugged;

The highest virtue is like a valley; supreme candour is as if were defiled; the most extensive virtue is as if it were insufficient; the most vigorous virtue is as if it were indolent; the truest reality is as if changing.

The Grand Square has no angles. The Large Vase is slow to be completed. Great Music has the least audible sound. The Big Image has no form. The *Dao* is hidden and nameless.

And yet the *Dao* alone that excels at assisting and making things complete.

【解意】

意丹随时随地在日用伦常之中展开，意丹一旦被领悟到，得道的上德之士就会深信不疑，继而落实到自己的日常言行中，与道合真，勤修苦练，敬畏谨慎，丝毫不敢怠慢。老子认为这类得道的上士福德具足，所以无须特别的机缘，就可以领会体悟到大道流行。而不得道的下德之士，天赋浅薄，性情乖戾，变化无常，习性认知束缚坚固，要在对立、分别、功利纷争的世界中体悟自然彰显的意丹是非常难的，几乎可以说与意会大道无缘。

悟性高的上士听闻大道，自己就会勤苦而竭力去践行。悟性中等的中士闻道，会去治身以长久保存大道，运用在治国当中，努力实现太平。悟性低的下士闻道，对得道的状态会用大笑的方式回应。得道的状态如果不为下士所笑，就不足以名为道。正因为大道如此方正，可看起来却又像没有棱角，所以不为一般人所理解。理解大道有助于造就伟大的人和物，但似乎都要很晚成就，甚至几乎难以完成。内丹修炼需要诸多条件具足，悟性只是一个很重要的方面。一般修炼者得闻一个小道小术，就自以为把握住了大道的根本，这其实是很危险的事情。其实道意并非多么深奥难测，可以说就在云卷云舒、大地星空之间，明明白白，显露平常。

从古至今，悟道都需要有总纲领、大哲学做主导。只有悟性极高的人才能从混沌中一觉醒来，而后可能修成大丹，并以此治身，即以此淑世。虽未敢缄口不言，却亦非概人而授。随缘就缘，因物付物，才合乎天地大公无我之量。人如果能够领悟虚无为道，自然为功，也需要等自阴而阳，由下而上，从而理解昧为明本、退为进基。

要理解自然丹意的中和之德，就要领悟道作为形而上的宇宙之道和人身体验之道，都可以具体化为形而下的社会人生之道和国家政治之道，才有实际意义。这种万物本原混一的形而上之道，落实到社会人生的经验层面，在创生活动中内化为形而下的万事万物的自然属性，就是"德"。在社会生活及政治活动中，人们按道的规律活动，皆属于"德"的范畴。

第四十二章

人之所教 我亦教之

【原文】

道生一，一生二，二生三，三生万物①。万物负阴而抱阳，冲气以为和。

人之所恶，唯孤、寡、不穀，而王公以为称。故物或损之而益，或益之而损。

人之所教，我亦教之。强梁者不得其死，吾将以为教父②。

【中译】

混沌的大道化生太极（一），太极（一）化生阴阳二气，阴阳二气化生二气之和气（三），阴阳和气之三化生万事万物。万事万物都背负着阴而怀抱着阳，阴阳二气都在氤氲相荡中，形成阴阳和气的和谐之体。

人们所厌恶的就是"孤（家）""寡（人）""不穀（受众人追捧）之人"，可是得道的王公却以此自称，那是因为他深明阴阳和体是万物之本的道理。因为事物都是阴阳和体，每当它们受到减损，反而得到增益；每当得到增益，其实反而已经受到减损。

前人教会我这个道理，如今我也拿来转教其他人：现在强横的人将来不太可能得到善终。我会把这句话体现的阴阳损益之道当作施教的宗旨。

【法译】

La Voie engendre Un; Un engendre Deux; Deux engendre Trois; Trois engendre tous les êtres. Tous les êtres portent sur leur dos le yin (l'obscurité) et embrassent le yang (la lumière). Le souffle du vide maintient l'harmonie.

Ce que les hommes détestent: d'être orphelins, délaissés, indigents. Pourtant

---

① 安乐哲将"一""二""三"分别译为"continuity""difference""plurality"（安乐哲，郝大维：《道不远人——比较哲学视域中的〈老子〉》，何金俐译，学苑出版社，2004年，第185页）。法译为"Un a produit deux ; deux ont produit trois ; trois ont produit les dix mille êtres"。

② "父"有释为"始""本""规矩""教父"，可理解为根本和指导思想或施教的宗旨，如张钟元译为"basic motto"（*Tao: A New Way of Thinking. A Translation of Tao Te Ching*, New York, 1975.），比"强横的人不会得到善终"一般的道理更有阴阳和体的味道。法译为"je serai le père de cette doctrine-là"。

rois et seigneurs se nomment ainsi. Car on augmente en se diminuant; on diminue en voulant s'augmenter.

J'enseigne ce que d'autres ont enseigné: "L'homme violent ne meurt pas de mort naturelle". Je prends ce précepte comme père (fu) de ce que j'enseigne.

【英译】

The *Dao* begets One; One begets Two; Two begets Three; Three begets all beings. All beings carry *yin* (darkness) on their backs, and embrace *yang* (light). The breath of emptiness maintains harmony.

What men hate: to be orphans, abandoned, destitute. Yet kings and lords are called that. For one increases oneself by diminishing oneself; one diminishes oneself by wanting to increase oneself.

I teach what others have taught: "The violent man does not die a natural death." I take this precept as the father of what I teach.

【解意】

道家诗意的宇宙生成论简洁明了。从道之体冲虚、虚无出发，"道生一"可以理解为至虚之中，一气萌动，天地生成。在无极和太极之间，此时混混沌沌，只是一虚，别无他物，一旦动起来，动化为阳，静化为阴。可以把"道"看作"一"，道产生阴阳之"二"，阴阳相互交融又产生和谐之气"三"，阳气、阴气、和气三者互相作用，就化生了万物。万物背负着阴而抱着阳，阴阳二气互相冲融，可以产生和气。这里的"三"，在内丹看来，可以理解为精、气、神三宝。人们厌恶沦为"孤、寡、不穀"的状态，得道的王公经常以此自称。所以，很多时候，世间万物看似受损，其实受益，或者看似受益，其实是受损。这是损益相互转化的道理。

别人教我的道理，我也用来教导他人。蛮横霸道的人通常难以得到善终，这句话可以作为施教的主导思想。要以谦下柔和之心处之，才可长保富贵，从而让身家不至于危殆。修行人打坐开始之时，要先寂灭情缘，扫除杂念妄念，进入至虚至静的状态，看起来似乎痴愚一般，似睡非睡，似醒非醒，在这种鸿蒙未判的气象中，就是所谓道境了。没有领悟意丹时，要用虚静的心去对待；领悟意丹之后，要以柔和之心意去温养。要非常注意，尽量不要多思多虑，尤其不可有自大自强之心。在意丹境界当中领悟到道之为道是一种至虚至柔的状态，需要以虚静存心的状态去和柔地温养元气，从而领悟丹意朗朗的状态。

从"和"的角度思考丹意，可以理解丹意的根本境界在于中和之德，可以通于以"中和"为核心思想的中国哲学思想，如《中庸》云："喜怒哀乐之未发谓之中，发而皆中节谓之和。中也者，天下之大本也；和也者，天下之达道也。致中和，天地位焉，万物育焉。"这与佛教哲学讲的"中观""中道"相通。如天台宗及禅宗，讲"三际托空"，即前际的念头过去，后际的念头还没有来，当下的中间是空的。当然，大道的"和"是具体存在性的和气之"中"，而不是抽象的中道、中间状态，更不是缘起性空的中空状态。

第四十三章 不言之教 无为之益

【原文】

天下之至柔，驰骋天下之至坚。

无有入无间，吾是以知无为之有益。

不言之教，无为之益，天下希及之。

【中译】

天下最柔弱的大道，足以驾驭并穿行过世间至为坚硬的东西。

有着无形力量的大道，可以强大到穿透似乎没有间隙的东西。我于是认识到大道的自然无为大有益处。

大道心口不言，却能教化众生，大道自然无为，却能利益天下，普天之下，很少能够做到像大道那样的了。

【法译】

Le plus tendre en ce monde l'emporte à la longue sur ce qui est le plus dur. Le rien pénètre où il n'y a pas d'interstices. À cela, je reconnais l'avantage du non-agir. L'enseignement sans paroles et l'efficience du non-agir, bien peu en ce monde les comprennent.

【英译】

The softest in this world prevails in the long run over what is, in this world, the hardest.

Nothing penetrates where there are no interstices. In this, I recognize the advantage of Non-action.

Teaching without words, the advantage of Non-Action, very few in this world accept them.

【解意】

就元炁产生、化生的过程来说，道与元炁共在，元炁似乎处于虚无状态之中，而具体形质的"气"从元炁的虚无状态当中产生、化生出来。此元炁是天地万物之本元，无相无形，至柔亦至刚，所以老子认为大道是天下最柔弱的，因为大道与虚无一体，但如此虚无的大道，又足以驾驭并穿行过世间全体事物，甚至可以穿过至为坚硬的东西。

道意本身是谦和柔顺的，道意自身不会言说，所以处于一种无言、无名的本体状态，这种本体状态没有中介、没有先导，直接呈现于意识当中，好像事物化生的过程是自生道意。换言之，道意即无为自然之意，在发于中、成于外之同生同灭的顷刻之间，无声而有声，可以理解为既浩浩荡荡又无声无息。因此道意之柔是所有坚固的物体都无法抵挡、对抗的。道意如水之柔顺，而天下没有比水更柔弱的，但其以柔克刚的状态，又没有可以与之匹敌的。道如水一般，看起来没有形质，但能出入无间，通达万物，犹如神明，济助群生。

感通大道无为但能够成就万物的状态，体悟道意自生自化自成的过程，就能够理解无为对于万物都有益。领悟大道无为的状态，用来修身，可以增益自己的精神；用来治国，则对万民有益。最关键的是，不再折腾劳烦百姓了。

世俗所谓顺道的一生，是从先天元神生气，气化生精，转化出天地化育万物之理，成为生物顺道的基本法则。但如果仅仅只是顺气化而生，即使能够生儿育女，也只能算是生命母体精气耗散的过程。可见，修丹需要接续先天元气。内丹之要，在于逆道返本归元，返老还童，超越自生自灭之形而下制约，而能够效天法地，成意丹于天地之中。

自然丹意指引的中和之德贯穿《道德经》全篇，"中"为道之用，即是"德"的特征。意丹之"中"即为意之"正"，求意发动之"度"；意与丹都如道一般，以虚和无为用，因为虚和无中含有生机；意丹之"中"即为生生之"机"，要"动善时"，合于时机修丹而成"德"，成就丹意哲学。

第四十四章

知足不辱　知止不危

【原文】

名与身孰亲？身与货孰多？得与亡孰病？甚爱必大费，多藏必厚亡①。

故知足不辱，知止不殆，可以长久。

【中译】

人的名声和身体相比，哪一个与自己更亲近？身体与货财比起来，哪一个对自己更加贵重？得到名利与丧失生命比起来，哪一个对自己更为有害？

过分追名逐利，就要付出重大代价；过分积敛货财，将来必会招致惨重损失。

因此懂得满足，就不会穷困受辱；懂得适可而止，就不会有危险和困殆；这样才能够保持长生久安。

【法译】

Nom ou corps, lequel est le plus cher? Corps ou biens, quel est le plus précieux? Gagner ou perdre, lequel est le pire?

Celui qui aime beaucoup perd beaucoup; celui qui amasse beaucoup perd beaucoup.

Qui sait se contenter n'encourt pas d'offense. Qui sait s'arrêter à temps ne court pas de risque. Il pourra durer longtemps.

【英译】

Name or body, which is more valuable? Body or possessions, which is more precious? Win or lose, which is worse?

---

① "甚爱必大费"，指过于爱惜以至于吝啬，就必定要付出很大的耗费。"多藏必厚亡"，指收藏丰厚的财货，就必定会招致惨重的损失，英译如"Many loves entails great costs, many riches entail heavy losses"（Jerry C. Welch, 1998）。爱是付出强烈的意识能量，所以必然耗费大量的心力。收藏也要付出强烈的意识能量，被外物积累的能量假象所蒙蔽。老子反对追名逐利，尤其不提倡以身殉名，舍身逐利。人在追逐外物的过程中，也会把自己降低成为逐物的器具，与"物"处于同一个水平，使自己的心为形役，离开了本真自在的生命存在状态。法译为"Celui qui aime beaucoup perd beaucoup"，儒莲译为"Celui qui cache un riche trésor éprouve nécessaire ment de grandes pertes"。

He who loves much loses much; he who hoards much loses much.

He who knows how to be content does not incur offense. Whoever knows how to stop in time is not at risk. Thus he may live a long time.

【解意】

道家财富观以修养身体、保全生命为第一要务，认为财富是身体元炁的延伸，是元炁的实化，没有元炁，就不可能继续保有身外的财富。道家认为，人对于货财珠宝要有独特的清醒认识，财多伤身，财多会带来恶气，如果不知收敛，一味贪婪无休，不知退守收藏，最后必将损耗精神，可能祸及本性和生命。所以只有知足知止者才能一路平安，尽量避免祸患和侮辱。生命机体的物质需要，以自然之意的需求而言，人其实不需要有那么强烈的物欲，降低物欲就不会生出那么多的烦恼。但是人自身可能经常会被动物性的感官操纵，很容易迷失在享乐当中，意识会被环境的混乱状态所干扰搅动。可见，道意在对象化的过程中往往不是一帆风顺的，可能向上或者向下，向左或者向右，要想存乎一心，需要很高的操控力。

道家内丹学讲究火候，而火候可以说就是对意识的自觉和操控，这其实是一个非常艰辛的筑基过程，这不仅是身体耗散的精气不断复元的过程，更是清洗心灵、内省觉悟的过程。这个过程其实是人对意识的操控过程，对身体的觉知会不断提升，对身上气息流动的感知会越来越强。不然，物欲会让人的心意四处扑腾，在名缰利锁之中纠结，除了耗散元精元气，还会使得元意识污秽不堪。所以，从内丹的修炼上来看，需要处理好药与火的关系，一如面对俗世的名利，要加强知止知足的意识。正如知足知止可喻止火养丹，以名喻景、货喻药。通常来说，贪幻景者就容易被魔鬼纠缠，好搬运外物和参与是非的人，就难免凶灾，甚至动辄得咎。在修丹的过程之中，讲究安稳沉静，当药未归炉时，宜进火以运之；药既入鼎，就宜止火以养之。如果火足还不知止火，那就可能倾丹倒鼎，惹上灾病和祸殃，甚至可能焚身丧命，遭受巨大的危机，走向修道养丹的反面。

第四十五章

大盈若冲　其用不穷

【原文】

大成若缺，其用不弊。大盈若冲，其用不穷。

大直若屈，大巧若拙，大辩若讷。

静胜躁，寒胜热。清静为天下正[①]。

【中译】

大道是最完满成就的事物，它看似有所欠缺，但其作用永远不会停竭；大道是最充盈的事物，它看起来好像虚空一般，但其作用永远无穷无尽。

大道是最直的事物，看起来好像屈曲；大道是最灵巧的事物，看起来好像很笨拙；大道有最卓越的辩才，看起来好像不善言辞。

清静能够克服躁动，寒冷能够克服暑热。因此清静无为才能让天下安定正平。

【法译】

La Grande oeuvre, semblant indigente, se donne sans s'appauvrir. La Grande plénitude, paraît vide, se donne sans s'épuiser.

La Grande rectitude paraît tordue. La Grande habileté paraît maladroite. La Grande éloquence paraît muette.

Le calme surmonte l'agitation, le froid surmonte la chaleur estivale. Transparence et repos sont la norme du monde.

【英译】

A great work, seems destitute, and gives without being impoverished. Great plenitude, seems empty, and gives without exhausting itself.

[①] "正"是安定正平，一说通"政"，英译多取此意，如陈荣捷译为"be the ruler of the world"（*A Source Book of Chinese Philosophy*, Princeton: Princeton University Press, 1963, p. 162.）。大道之行，看起来是阴力（意）显明，但大道最后必然致胜阳力（意），阴阳必然相互转化，老子强调不可拘泥于阳力（意），而要深悟阴力（意）。法译为"La pureté et la tranquillité sont la règle du monde"和/或"Celui qui est pur et tranquille devient le modèle de l'univers"。

Great rectitude, appears twisted. Great skill, appears clumsy. Great eloquence, seems embarrassed.

Peace triumphs over noise, and cold triumphs over the heat of summer. Transparency and stillness are the norm of the world.

【解意】

大道是天地之间最完美的，它有无穷无尽、用之不竭的创生力，但看上去似乎又是有欠缺的，正是因为保留了这种欠缺，才使得它保持永恒的完善、美化自身的趋势。在这个意义上，大道不是如如不动的、在彼岸的本体，而是在万事万物时刻创生的道意之中，这种生生不息显示出大道本身有着无限创生的能力。

这一章可以理解为讲述人格修养的内容与形式、本质与现象的辩证关系。意在说明，高尚的人格不是外形上的表露，而是内在生命的含藏和内收。追求理想人格，就是期待在有限的人生当中成就自我最完满的状态，而反观自身，人永远是有所欠缺的，但悟道、修道，则大道生生、引领自身趋向完美的努力永远不会停歇。面对大道这个最充盈的事物，人生当下的状态就像在虚空中一般，因为意识到当下人生的虚空，所以大道才能发挥创造和引领的作用。在人生当中领悟大道的正直与刚强，自己的人生就看起来好像在不断受委屈；意会了大道的灵敏、巧变，自己的人生看起来就好像很笨拙，不善变通；觉知大道好像有最卓越的辩才，那么每个人都会发现自己好像不善言辞。

在修丹的过程中，有道之士追求至平至常、至虚至无的意境，体会到清静是动荡摇摆所围绕的稳态中心，是一般系统稳定的理想状态，更是日常行为体所要护持的常态。在丹道修炼者看来，学者都本来具有清静之心，可以感化寒暑之节，让自己身体的正气时刻凝聚而不消散。大道本来虚无一气，得道的状态好像无所得，但似乎无得才是真正有所得的状态，心意通道，无而有之。可见修道之人总是要以虚无为宗，修功至于忘己忘身的境地，所谓学道之士以退为进，以弱为强，以虚为盈，以无为有，以反为正，以减为增，故学之进似乎要以不进为进，审视心神和意识，以至于忘却心神与意识当下似乎都还存在的地步。

自然丹意的中和之德是中国古代道术学问的中心。"中和"为道之枢。德之柄，明乎中和，就可以正心、诚意、修身、齐家、治国、平天下，也就可以通于儒家治国之道，所谓得一道则万事毕，都是以无为无不为为宗旨。

丹道修炼以中和为玄关，道教修身以中和为教义。可以说，"执一统众""守中致和"是道学第一真丹真意，也是道家和诸子百家以"道"为核心的"道学"之枢纽，对中国哲学、思想和文化构成了深远影响。

第四十六章

知足之足　则常足矣

【原文】

天下有道，却走马以粪；天下无道，戎马生于郊。

祸莫大于不知足，咎莫大于欲得。

故知足之足，常足矣。①

【中译】

如果用大道去治理天下，天下就会太平，没有战事，把战马退还给农夫用于田间耕作。如果不用大道去治理天下，就会征战四起，以至于连怀胎的母马都被送上战场，被迫把小马驹生在郊野之地。

可见没有比一味索取更大的祸患，也没有比贪得无厌更大的过失。

于是，知道到什么地步就该满足的人，就能够永葆自得自足之道。

【法译】

Quand le monde se conforme à la Voie, on dételle les chevaux rapides pour avoir leur fumier. Quand le monde ne se conforme pas à la Voie, on élève les chevaux de guerre jusque dans les faubourgs des villes.

Il n'y a pas de plus grande faute que de toujours céder à ses désirs. Il n'y a pas de plus grand malheur que de ne pas reconnaître que l'on a "assez". Il n'y a pas de plus grand vice que de vouloir obtenir toujours.

Car connaître qu'assez est assez garantit une perpetuelle satisfaction.

【英译】

When the world conforms to the *Dao*, swift horses a re unharnessed to get their

---

① "知足"即"知止"，意即常满足于自得、自足之道。陈荣捷译为"He who is contented with contentment is always contented"（*A Source Book of Chinese Philosophy*, Princeton: Princeton University Press, 1963, P162.），有此意，指统治者知足方是有道的表现，才通于丹意、不妄心妄作。儒莲译为"Celui qui sait se suffire est toujours content de son sort"（知道如何养活自己的人总是对自己的命运感到满意），戴闻达译为"Car savoir qu'assez est assez est avoir toujours assez"（因为知道足够，总是足够的）。本书译为"Car connaître qu'assez est assez garantit un perpétuel 'assez'"（因为知道足够，就保证了永远的"足够"）。

manure. When the world does not conform to the *Dao*, war horses are bred even in the suburbs of the cities.

There is no greater fault than to yield to one's desires. There is no greater misfortune than not acknowledging that one has "enough." There is no greater vice than wanting to always obtain.

Thus, knowing that enough is enough guarantees a perpetual "enough".

【解意】

从治理国政的角度来说，治理天下的领导者，心意要随时顺应自然之意，如果不能克制自己的好恶和私欲，就会导致很多祸患。领导者要把自己领悟的大道推广到天下，自己先要领悟到自然之意的合理尺度，也就是说，领导人要能够随时反省和度量自我的心性，在知晓自己本性的基础上彰显本性。

自然之意的拿捏和增减有助于人身修炼，使之亲近生命的大道和法则。如果以天下比喻人身，就可以用马的活动来比喻丹道的用火进退。人如果领悟了大道，就精盈气足，不需要专门去修炼，因为守护好、保养好精气的状态就可以了。只要一个人没有欲望，就可以保持元炁的安泰，既不追求世间的认可，也不为世人所厌恶。对世间的得失自然顺应，就不容易有祸患了。如果不知道满足，追求得越多，就越容易失去，直到心焦气躁，身心俱疲，违背了修丹的初衷。

道学的中和之德，就是要秉持自然丹意的慧眼去观照世界上的万事万物，领悟到阴阳和合的中性事物可以超越阴阳两性彼此的制约关系，因此阴阳之中比阴阳二性本身更接近大道。道学修行致力于返本复初，提倡返还到阴阳未分的中性状态，或者阴阳之间的平衡、和谐状态，如此，道学必然提倡"中和"之学，即阴阳动态之学。读有道之书重在体悟大道，意会大道不可拘于文字。要试图参透自然、社会、人生大道，追求人与自然的和谐中道，从意识到实践都贯彻以柔克刚、以弱胜强、以退为进的中道策略，以反对人被外在的事物异化的存在状态，让人尽可能回归自然、平衡、和谐的中道状态。

第四十七章 不行而知 不为而成

【原文】

不出户，知天下；不窥牖，见天道。

其出弥远，其知弥少。

是以圣人不行而知，不见而明①，不为而成。

【中译】

得道的圣人不走出门户，就能够推演知晓天下的事理；不需要眺望窗外，就可以认识天地自然运行之道。

心意向外求得越多，其实离大道就越远，关于大道的真知就越少。

所以，悟通大道的圣人不需要远行，他的心意发动，就足以推知天下事理；他不需要向外观察，就能明了天地大道；他不需要造作施为，就能够成就功业。

【法译】

Sans franchir le pas de la porte, connaître le monde. Sans regarder par la fenêtre, voir la Voie du Ciel.

Plus on va loin, moins on connaît.

Le Sage arrive sans faire un pas; il nomme sans voir; il accomplit sans agir.

【英译】

Without crossing the threshold of the door, know the world. Without looking out the window, see the *Dao* of Heaven.

The further you go, the less you know.

---

① 理雅格（1891）等把"明"译成名，"gave their (right) names to things without seeing them"，不如带有"明"意的译文，如刘殿爵译为"identify without having to see"（*Tao Te Ching*, Hong Kong: Chinese University of Hong Kong Press, 2001, p. 69.），带有给对象身份（identity）而阐明之意；安乐哲译为"understand clearly without seeing anything out of the ordinary"（安乐哲，郝大维：《道不远人——比较哲学视域中的〈老子〉》，何金俐译，学苑出版社，2004年，第196页）；不需要观察（窗外）就可以推明天道。不为是无为、不妄为。针对前面足不出户和不窥来说，"不"强调亲眼，圣人心与物通，合于物的节拍，不必亲自行动、见到、去做，就可明白一切（马恒君：《老子正宗》，华夏出版社，2014年，第155页），成就万物。可见，功业始自内心，大道不离心意。儒莲译为"il nomme les objets sans les voir"（不见也能定义道理），莱利斯译为"Comprend sans voir"（不见也能理解）。

The Sage arrives without taking a step; he names without seeing; he accomplishes without acting.

【解意】

心通万物，与万物都可以感应，这就是感而遂通。自然之生，即心意通达自然之意那种主动、现成的生成状态。天道本源是一个无尽的知识宝藏，可以不见而明。当心意通于天道，就安守天道，不要做太多具体的功夫。这是道家功夫与儒家功夫的重大区别。儒家功夫要求在洒扫应对的日常生活当中，时时刻刻体现仁爱之心；道家功夫认为，过分在意日常细节容易消耗元炁，关键在于时刻涵养大道，持守元炁不失。可见，道家认为行、出、窥、为等外放的、扰乱心意的意识发动，都不利于真知，也不利于见道。

有道之人在修丹之境，能够抱一涵三，反观静定，虽然足不出户，但能知天下事，看似枯寂无趣，其实神定慧生，表面无知，其实胜于有知识者，其身心春意融融，心神气象万千，内知大智，所以能够不现而彰显，表面寂寂无名，其实名满天下。只是世人的了解一般都限于名相，容易矜持于具体的有成有得，追求博学多知，从而终日心火焚烧，心事重重，反而陷于道德荒芜、空转精神的处境，终生两手空空。

可以说，本章试图更深一步论证道学以无为为宗旨，以慎独为旨要。圣人不出门户而能够知晓天下事，是因为圣人能够以自己之身去知晓他人之身，以自心通达天下万物，所以能够见天下。天人相通，天道通于人道，因为天精人气相贯。如果人君清静，则天地之气自正；如果人君多欲，则天气烦乱污浊。可见，人的吉凶利害，根本上都是由于自己的意识状态。因此，圣人意识不发，不出门远行，但却知道很多事情；不用真实见到，一念之间就可以明白真相；不用作为，就可以有所成就。圣人推原微小，感知大道，体察内变，觉知外相，都是领悟道意之后意丹的自然显用。

可见，道家自然丹意哲学的精华在于参透自然、社会、人生的本相，以道术去领悟要道，知道根本，进而追求人与自然的中道和谐，和人本身与道相合的内在超越性，从而实化意念，在实践中贯彻以柔克刚、以弱胜强、以退为进的思想，从而实现无为无不为的理想状态。

第四十八章 为学日益 为道日损

【原文】

为学日益，为道①日损，损之又损②，以至于无为。

无为而无不为。

取天下常以无事。及其有事，不足以取天下。

【中译】

追求世俗学问的人，其知识一天天在增加；修行生命本体大道的人，其欲望智巧一天天在减少。要把欲念减损再减损，一直到心念清明无为的状态，心念所发皆通于道，因顺自然而成丹。

意丹大道看似无所作为，实际上却无所不为，成就万物。

治理天下的人要以清静无事的意丹状态作为治国之本。只要君主想有所作为，就难以治理好天下。

【法译】

Qui s'adonne à l'étude progresse de jour en jour. Qui pratique la Voie régresse de jour en jour. En régressant et régressant encore, on arrive au non-agir.

Par le non-agir, il n'y a rien qui ne se fasse.

C'est en restant toujours dans le non-agir que l'on gagne le Royaume. Dès qu'on s'agite, on n'est plus à même de gagner le Royaume.

【英译】

Whoever devotes himself to learning progresses day by day. Whoever practices the *Dao* regresses day by day. By regressing and regressing again, we arrive at non-

---

① "为道"是意念内观与意识活动内向含摄，通过意识自我反省（英译 self-reflection，法译 Introspection de soi），形成自我省察、觉知的过程，带有冥想或体验意味，可遍及一切意识活动，即意念发动处，不仅意念向外投射，而且时刻保留内观自觉的状态、途径，领悟事物未分化状态的"道"。此处的"道"，指道意、丹意、无为而无不为之意。

② 损指意向外化的情欲文饰，在内观与自省之后，日渐消泯减损。刘殿爵译"损"为 "does less"（*Lao Tzu: Tao Te Ching*, London: Penguin, 1963.），比通常译为 "decrease" 好。儒莲和戴闻达译"损"为 "diminue"（减少），本书译为 "régresse"（回归）。

coercive-actions.

With non-coercive action, there is nothing that is not done.

It is by always remaining in non-coercive actio n that one gains the empire. As soon as one gets involved in affairs, you are not in a position to win the empire.

【解意】

常识认为，人的知识是感性与理性辩证运动的结果，是在实践基础上客观和主观相符合的过程。老子反其道而行之，认为根本在于领悟天道之意，这是一种深度切入自然运化的灵性思维。这种灵性思维并不需要具体现实世界知识的参与，甚至知识参与和使用得越多，对灵性的"遮蔽"就会越发严重。心与道可以同步共振。研究学问一天天增多，增进修行自然的大道的意识，就需要对外物的意识一天天减少。减少之后还需要继续减少，一直减少到无为的状态。领悟了大"道"状态的人，心思意念都不会妄为，只有这样才能做到无所不为。在老子看来，赢得天下，在于心意没有任何胡妄作为，如果有所作为，比如对民众实行严酷的刑罚和苛刻的政治，人民就很难统治，也就很难赢得天下了。

世事洞明、人情练达自如，皆源于无为而无不为的自然之意。人是万物的尺度，人能够洞悉万物自然生意本来的状态，人可以保有自身湛净纯粹的自然之意，随时随地心意心念瞬间憧憧往来，在心念自是自为的思域中自然而然敞开流淌着。心意发动皆自然，通天达地，无为启心，而能造天下之大化，无边无际。念念之间，三际托空，丝毫不可着意，念念自生，生于自然，不用力、不用心、不招惹、不畏惧，无为自化，自正自规自矩。时时恬淡如婴儿，保持未经雕琢的素朴状态。如果修道之人只看到每日增进，看不见每日应该减损，就容易心思昏乱而道意不凝聚。悟道，然后才能由无而生有，生出实为真有的状态，才能够出没于鬼神不测之中，有变化莫测之功效。本章以"天下"喻道，以"取天下"比喻修道，以"有事无事"比喻有为无为。如果人能够清静无为，保持纯然先天一气的状态，那么修丹修道还有何事难成呢？这就是取天下的宗旨。

《道德经》用语古朴，包罗万象，所以其学术思想容易被人误解。一般人想到道家学说，就容易将其看成与世无争、听天由命的明哲保身之术；提到道教，就容易将其斥为装神弄鬼的粗俗迷信；一旦提到内丹道学，就容易笑其为白日升天的妄想之梦。这些其实都是研究道学经书、不懂人身意识的丹意心灵体验，不理解道学的功夫境界，就容易停留在望文生义、盲人摸象的理解状态。

第四十九章

圣人无心　百姓为心

【原文】

圣人无常心①，以百姓心为心。

善者，吾善之；不善者，吾亦善之，德善。信者，吾信之；不信者，吾亦信之，德信。

圣人在天下，歙歙焉，为天下浑其心。百姓皆注其耳目，圣人皆孩之。

【中译】

修得意丹的圣人没有固定执着的心意，以百姓的心意作为自己的丹心。

对于善良的人，我会善待他；对于不善良的人，我也会善待他，这样就可以使天下的风气得到改善，帮助人们同归于善。对于守信的人，我会信任他；对于不守信的人，我也会信任他，这样可以使天下风气趋向诚信，从而让人们同归于信。

修得意丹的圣人在位，会谨慎收敛自己的欲望，把天下的心意归于浑然一体，当作自己的心意。于是，百姓们都关注他们眼睛所见、耳朵所闻的，而圣人又能够消解他们的耳聪目明，帮助他们回到婴孩般无知无欲的真朴状态。

【法译】

Le Sage n'a pas le cœur figé: il fait sien le cœur du peuple.

L'homme bon, je le traite avec bonté, et celui qui n'est pas bon, je le traite aussi avec bonté: ainsi, j'obtiens la bonté. L'homme sincère, je le traite avec sincérité, tout comme celui qui n'est pas sincère: ainsi, j'obtiens la sincérité.

---

① 圣人体道，无日常之心，故"无常心"比"常无心"更通畅。此意与陈荣捷译文"no fixed (personal ideas)"（ *A Source Book of Chinese Philosophy*, Princeton: Princeton University Press, 1963, p. 162. ）通，也跟许渊冲译文"no personal will"相似。圣人心意之发，不为常见所缚，常若心无所发，刘殿爵译为"no constant mind of his own"（ *Tao Te Ching*, Hong Kong: Chinese University of Hong Kong Press, 2001, p. 71. ），意无所指，意该万物，安乐哲译为"think and feel immediately"（安乐哲、郝大维：《道不远人——比较哲学视域中的〈老子〉》，何金俐译，学苑出版社，2004 年，第 201 页），生生流动，无偏无私。儒莲译为"Le Saint n'a point de sentiments immuables"（圣人执我的情感），戴闻达译为"Le Saint n'a pas le cœur constant"（圣人没有恒定的心），本书译为"Le Sage n'a pas le coeur figé"（圣人没有固执的心）。

Le Sage vit dans le monde, l'esprit en éveil: il ouvre largement son cœur au monde. Lorsque le peuple tourne ses yeux et tend ses oreilles vers lui, il le traite comme son enfant.

【英译】

The Sage does not have a fixed heart: he makes the heart of the people his own.

The good man I treat with kindness, and the one who is not g ood I also treat with kindness: thus I obtain kindness. The man of good faith I treat in good faith, and the man who has no good faith I also treat in good faith: thus I obtain good faith.

The Sage lives in the world with an alert mind: he opens his heart wide to the world. As the people turn their eyes and listen to him, he treats them as his children.

【解意】

有道的圣人起心动念都顺发于自然之意，本无分别，本无差异。所谓善与不善，在道生之意面前，已经失去了"下德"之标签，获得了"上德"的属性。百姓接受得道圣人的教化与引导，与圣人同心同德，犹如同体同用，内收躬身，达到如同婴孩般天真无邪的境界——如如不动，止于至善，上下信念贯通，民心彼此相亲，实现民胞物与、殊途同归的同体境界。

可见，领悟"道"的人通常是没有私心的，他们把百姓的心作为自己的心。对于善良的人，悟道的人一定会善待他；对于不善良的人，悟道的人也会善待他，如此一来，彼此也就都得到了真正的善良之心。对于守信的人，得道的人会对他守信；对于不守信的人，得道的人也会对他守信，如此一来，彼此也就懂得了真正的信用之意。世间那些懂得大"道"的人，总是表现出谨小慎微的样子，让天下百姓的内心都归于淳朴。得道的人希望百姓都回归到刚出生时淳厚质朴的状态。

圣人即为领略大"道"或者已经得道的人，暗指理想的统治者。这样的统治者，无论百姓的本心是什么样的，或者百姓如何对他，他都会拿出善良和信任去教化百姓，力求百姓都遵循"道"的规律。此即暗合天心之德善、德信。所以，得道的圣人会善待善良的人，也会善待不善良的人，使天下的风气都得到改善，帮助人们同归于善。

从内丹修炼的角度来看，"圣人"可譬喻为心，"天下"可譬喻为身。圣人修身，不外保养元神元气。但人有元神，就有凡神；有元气，就有凡气。修丹下手之初，不可能不起他念、不动凡息，但修丹者需要知道，静养既久，元神自然会浮现出来。对于忽然冒出来的杂念，要以平常心对待，即使其他念头没有消除，也要以平常心对待。这样元神不会不自然地显现出来。元神既然生发，则修道就有了主导状态，这样就当静守丹田，以调养元气为主。

有些人误解老子哲学，以为是弱者的哲学，以为是无所作为的哲学；认为道家要求人们纯任自然，不利于发挥人的主观能动性；认为道家主张谦下退让，压抑了人的创造性和进取心。其实，这是完全没有读懂《道德经》内涵的天机丹意。领悟自然丹意的人，会有强大的创造力和进取心，因为接续天道，人的意识境界会得到空前的提升，得道的人，也可以充分发挥自己的主观能动性，不断激发自己的智慧和才能。这也是后世道学与权谋结合成为黄老之术的原因。至少说明，道学思维具有改天换地的可能性。可见，深刻领会道学的真谛，自然不会消磨意志、不图进取。

第五十章 出生入死 以无死地

【原文】

出生入死。生之徒，十有三；死之徒，十有三；人之生，动之死地，亦十有三。夫何故？以其生生之厚。

盖闻善摄生者：陆行不遇兕虎，入军不被甲兵。兕无所投其角，虎无所措其爪，兵无所容其刃。夫何故？以其无死地[①]。

【中译】

每个人最初出于世而生，最终入于地而死。所有人中能够寿终正寝、长寿而终的，大概有十分之三；无法安享天年、短命而亡的，大概有十分之三；本可安享天年却私心乱动、自取灭亡的，也大概有十分之三。这是什么原因呢？这是因为，他们过分重视生命，在养生方面用心太厚了。

据说真正善于养护自己生命的人：在陆地上行走不会被犀牛和猛虎所伤害，在打仗的时候也不会被刀兵利器伤害。犀牛没法用尖角来伤害他，老虎没法用利爪来伤害他，手持兵器的人也没法用刀锋利刃来伤害他。这是什么原因呢？这是因为他在养生方面不太用心，反而既没有致命的命门，也不会误入致死的境遇。

【法译】

Sortir, c'est naître; entrer, c'est mourir. Parmi les hommes, trois sur dix sont des compagnons de la vie; trois sur dix sont des compagnons de la mort; trois sur dix, qui allaient vers la vie, vont prématurément vers la mort. Comment cela se fait-il? Par leur excès à vivre.

J'ai ouï dire que celui qui excelle dans la sauvegarde de soi, quand il voyage par

---

[①] "无死地"分两层意思讲，自身没有致死的要害暴露于外，也善于避免进入遭遇死亡的危险处境，如刘殿爵译文 "no realm of death"；韩禄伯译为 "there is no place for death in them"（*Lao Tzu's Te-Tao Ching: A New Translation Based on the Recently Discovered Ma-Wang-Tui Texts*, New York: Ballantine, 1989.）亦近之。能够达到质朴宁静、真气融通、物我两忘境界的人，如婴儿般纯洁柔弱，周身邪气不侵，自然不会得病，也就不会被伤害。儒莲译为 "Il est à l'abri de la mort"（免于死亡），戴闻达译为 "Parce qu'il n'a aucun lieu de trépas"（没有绝境），本书译为 "Aucun lieu n'est sur lui vulnérable à la mort"（不容易陷入绝境）。

terre, ne rencontre ni rhinocéros ni tigre; quand il passe au travers d'une armée, ne porte ni cuirasse ni armes. Le rhinocéros ne trouve pas où l'encorner. Le tigre ne trouve pas où le griffer. Comment cela se fait-il? Nulle part en lui n'est vulnérable à la mort.

【英译】

To go out is to be born; to enter is to die. Of men, three out of ten are companions in life; three out of ten are companions of death; three out of ten, who were going towards life, go prematurely to the land of death. Why is that? By their excess of living.

I have heard it said that he who excels in self-protection , when he travels by land, meets neither rhinoceros nor tiger; when he passes through an army, he wears neither breastplate nor weapons. The rhinoceros canno t find where to stab hi m. The tiger cannot find where to pierce him. Why is th at? No place on him is vulnerable to death.

【解意】

道家重视现实生命，尤其是对肉身的珍惜和摄养生机。通常认为，保养生命、保养生机是自己所欲的，但究竟如何才能保养自己的身体呢？老子给出的修炼之方似乎与常识相反，但他强调，真正的生命之道与普通人的常识是有区别的。普通人关注肉身的保养，比如补充营养，甚至不惜以山珍海味，甚至以伤害珍贵动植物为代价助养人身。老子认为，这样的养生理念不是在延续生命，而是在动之死地，是在戕生和害生。因为老子认为，有形实体之自然物根本不能养生，真正护佑长生的，其实另有一番道理。

人都有两个身体，除了有形有质的肉身，另有一个无形无质的"身"，即道意之身，此身天然合乎道意，本来毫无死亡风险可言，是通道合道的，而一般人对此并没有自我意识。此身本无死地，只是因为有了形质之身，所以容易伤害生机。自然之意的生机本来一直欣欣向荣，所以就一直不会有死地。陈撄宁先生认为，此章老子的"摄"字内涵四层含义：摄住身心，收摄精气，摄取自然外物补偿身体的亏损，摄引天地生机、阳意以延续生命。可见，知道摄养生机的机关和窍门，就可以延长自己的生命。

一切现实中的生命，在其运作化育的过程中，生的动能常常与死的动能对等伴生，庄子所谓"方生方死"，所以对待生命，必须保持高度的敬畏和谨慎。这就是道家的生死观。如何将道家的生死观转化为日常摄生之要呢？善于养生者，必须感悟天地自然之理，洞悉天地大道永恒生死之秘密，知道运用阴阳颠倒之法，体悟造化逆施之方，下而上之，往而返之，静观自在，动候阳气生发，从而静养阳气，好像推动斗柄旋转的天盘一般，慢慢地守住药炉，返于太极，复于至诚中道的状态，出有入无，悟通意丹境界之后，似乎从古到今，与日月同辉，与乾坤合体，这样自然超越了世间的争斗，也就不会进入危险的、伤身的境地，可见，养生的一个重大前提就是，知道如何提前进入避免伤身的境遇，而且在遇到伤身的状况时，仍然能够知道如何避免被伤害。所谓"无死地"，就是不会让生机暴露在肯定会被伤害的时空状态当中。

　　老子以其"静观""玄鉴"的认识方法，明确了丹意生成的路径和修炼方法，主要就是，要能够反观内照，与道合真，悟道就是时刻沟通主观和客观事物，让主客观融为一体，从而直接体认万事万物的本来自道；这样，"道法自然"的方法也通乎《周易》"推天道以明人事"之教，因为都是要领悟和保守事物发展变化的"常道"。

第五十一章 长而不宰 是谓玄德

【原文】

道生之，德畜之，物形之，势成之。① 是以万物莫不尊道而贵德。

道之尊，德之贵，夫莫之命而常自然。

故道生之，德畜之；长之育之，亭之毒之，养之覆之。生而不有，为而不恃，长而不宰，是谓玄德②。

【中译】

大道生成万物，顺道成德能够蓄养万物。万物呈现出各种形态，形势让万物成长。于是万物没有不尊崇道而贵重德的。

之所以要尊崇道，之所以要贵重德，就是由于道能够生长万物而不加以干涉，德能够畜养万物，让万物顺其自然。

于是大道任自然之意而生长万物，德因成就意丹而养育万物；道与德都使万物生长，助万物发育；让万物停歇安宁，帮万物深藏成熟；爱养万物，庇护万物。让万物生长但不强加己意，让万物兴作但不逞自意之能，帮助万物长养但不意图主宰，这是玄妙幽深的大德。

---

① 物因"道"而生，物各得"道"而有"德"。"德"蓄养万物而物渐成"形"，物"形"受"势"之倾向与条件而成就。"势"指万物生长发育的情势状态，强调"器"受丹意与万物之意的影响、塑形而成，如安乐哲译成 "events shape them"（安乐哲，郝大维：《道不远人——比较哲学视域中的〈老子〉》，何金俐译，学苑出版社，2004 年，第 206 页）。韩禄伯（Robert G. Henricks）的译文有比较明显的西方哲学色彩："Substance give them form and their unique capacities complete them." (*Lao Tzu's Te-Tao Ching: A New Translation Based on the Recently Discovered Ma-Wang-Tui Texts*, New York: Ballantine, 1989.)，相对来说，Stephen Mitchell（1988）的译文则近于安乐哲的翻译策略，"takes on a physical body, let circumstance complete it"。"道"创生万物，也是"道"自然化现为万物，没有丝毫的主观意志参与和控制的力量。法译为 "le milieu achève le développement"（实现了好的发展）。

② 玄德是最幽深玄妙的上德，刘殿爵译为 "mysterious virtue"（*Tao Te Ching*, Hong Kong: Chinese University of Hong Kong Press, 2001, p. 75.），它让万物生长，但不强加己意，即养育兴作万物而不自逞意识之能，使万物生长养育的"玄德（profound efficacy）"（安乐哲，郝大维：《道不远人——比较哲学视域中的〈老子〉》，何金俐译，学苑出版社，2004 年，第 207 页），从未试图主宰他们。儒莲译为 "C'est là ce qu'on appelle une vertu profonde"（这就是深奥的德），戴闻达译为 "C'est là la Vertu secrète"（这是神秘的德）。

【法译】

La Voie les engender; la Vertu les nourrit; les choses les forment; le milieu achève leur développement. C'est pourquoi, des dix mille êtres, il n'en est pas un qui ne vénère la Voie et n'honore la Vertu.

Cette vénération de la Voie et ce respect de la Vertu sont choses non pas ordonnées, mais toujours spontanées.

Car la Voie les engendre; la Vertu les nourrit, les fait croître, les élève, les porte à achèvement, les fait mûrir, les alimente, les protège. Engendrer sans s'approprier, agir sans rien attendre, guider sans dominer, voilà la Vertu secrète.

【英译】

The *Dao* engenders; then *de* (Vir tue) nourishes them; objects form them; circumstance complete them. That is why, of the ten thousand beings, there is not one who does not venerate the *Dao* and honor *de* (Vi rtue).

This veneration of the *Dao* and this respect for *de* (Virtue) are not ordered, but always spontaneous.

For the *Dao* begets them; *de* (Virtue) nourishes them, makes them grow, raises them, brings them to completion, matures them, feeds them, protects them. To beget without appropriating, to act without expecting anything, to guide without governing, this is secret *de* (Virtue).

【解意】

在特定的时空场域中，道生之元炁本来具有创生的无尽可能性，如何将之转化为现实的、具体"德"的构成性，需要一种领悟自然之意而有所"得"的领悟感和通透感，让"道"在各类具体机缘条件当中实现主客观统一，从而完成认识到实践的转化。天地之间生机和杀机时刻流转，川流不息。就一切生命的展开来说，必须在自我"德"蓄积的时刻，保持旺盛的生意和生机，让自我具备强烈的向上动力、默默感恩的自省觉悟、以其不自生而自成的道心、参赞天地化育的欣欣向荣的创造力，从而成就人的日常言行和人格健全之道。这就是阳气提升的境界，也正是生命主体性和生命延续性的自然之道。否则，一旦德性蓄积的能量消耗亏损，其机体的腐朽伴随着人生的态度与价值观的崩塌，其周围环境的人际关系的危机都会叠加侵袭而来。

修丹悟道和读书明理、吸收积极的心灵感悟能量非常重要。不然，看似美味佳肴的食品、万念俱灰的无趣人生、金碧辉煌的豪宅都会消解创生的自然之意的能量，因为阴质的信息积累过度，容易加速系统的崩溃。融入虚无之际、淡漠之中，可以感悟一元真气出焉，这就是意丹生成之境。意丹生成之后，就要继续致养于静，抱道如怀虚，似乎万象咸空，但需要常操常存，勿忘勿助，从而不断把所得蓄养起来，而成就德性和德行。

丹意的自然无为状态，在内丹修炼中需有特别深刻的切身体会。丹家修炼时体内气血自然运行，特别要强调意识的勿忘勿助，反对过度用意、拔苗助长。治国之理跟修炼身体之理一样，都是自然律，人身的调节和国家的治理，都须按规律运作，不能加入自己的私意，因为顺从客观规律是不以人的意志为转移的。《道德经》云，"以辅万物之自然而不敢为"（第六十四章），"道法自然"（第二十五章），又说"处无为之事，行不言之教"（第二章），"道常无为而无不为"（第三十七章）。这些都在强调道的本性是自然，自然中有真、善、美的精华，按事物的自然本性去因势利导、才能撷取自然之精华，不可违背自然规律去强作妄为，要以自然之意去辅佐物的自然，这是老子修身、为人、处世、治国、论道的总原则，更是道家哲学的精要。

第五十二章

见小曰明　守柔曰强

【原文】

天下有始，以为天下母。既得其母，以知其子；既知其子，复守其母，没身不殆。

塞其兑，闭其门，终身不勤。开其兑，济其事，终身不救。

见小曰明，守柔曰强。用其光，复归其明，无遗身殃，是为袭常①。

【中译】

天地间的万物都有共同的开始，可以把开始的大道作为天下万物的母体。如果能够认识天地万物之母的大道，那就可以认识作为孩子的万物；如果能够认识作为孩子的天地万物，又能够秉守这个创造天地万物的大道之母，那么，即使此身不在了，也不会有危险。

塞住欲念的穴窍，闭起欲念的门道，一生都不再有烦扰之事。如果打开欲念的穴窍，以满足欲念为目标，那就会心烦意乱，一生不可救药。

能够察观细微的道，是意识的清"明"；能够持守柔弱的道，是意志的刚"强"。运用心灵能够"明"道之光，不断返回清明的道体，这样就不会给自身造成灾祸，这叫作使生命之道保持恒久的意丹之道。

【法译】

Ce qui de Tout-sous-le-Ciel est l'origine, nous l'appelons la "Mère". Qui a trouvé la mère connaît par elle les enfants. Qui connaît les enfants et adhère encore à la mère arrivera à la fin de ses jours sans s'être mis en danger.

Bouche les ouvertures, ferme les portes et tu arriveras sans usure au terme de ta vie. Ouvre tes ouvertures, accrois tes activités et, jusqu'à ton dernier jour, tu seras sans

---

① 袭常意为袭承恒久，保持生命之常道。Stephen Mitchell（1988）译成"practicing eternity"，韩禄伯（Robert G. Henricks）译成"Following the Constant"（*Lao Tzu's Te-Tao Ching: A New Translation Based on the Recently Discovered Ma-Wang-Tui Texts*, New York: Ballantine, 1989.），都强调永生的维度。安乐哲译为"according with common sense"，强调常识的意义。儒莲译为"doublement éclairé"（双重明白道意），戴闻达译为"constant"（永恒），本书译为"tunique de survivance"（生存的恒常性）。

secours.

Voir ce qui est petit, voilà la clairvoyance. S'en tenir à la faiblesse, c'est être fort. Se servir de la lumière, mais revenir à l'illumination; ne pas exposer son corps aux calamités, c'est revêtir la "tunique de survivance".

【英译】

That which is the origin of All-under-Heaven, we call the "Mother" of All-under-Heaven. Whoever has found the mother knows the children through her. He who knows the children and still adheres to the mother will come to the end of his days without having put himself in danger.

Block the openings, close the doors, and you will come to the end of your life without wear and tear. Open your openings, increase your activities, and until your last day you will be helpless.

To see what is small, that is the clairvoyance. To stick to weakness is to be strong. Use the light, but return to enlightenment; not exposing one's body to calamities is the "tunic of survival".

【解意】

血液在身体当中，属于阴质的存在，相对来说，生命的真种子——自然之意，则属于阳性的存在，是一切存在的大本大源，生生不息。自然之意既不在内也不在外，既不在六根也不在红尘，视而不见，听而不闻。自然之意是一切万物缘起性空的边界点，所以才能够被称为丹母。道的实体性存在需要因为人的意而生而成，所以道意与道体同生同灭。

自然丹意是一切存在的终极根据。如果得不到先天之丹母的滋养，则阴精容易消散，神散则形消，因为神形一体，相互作用。用自然之意的阳生之意，在感知动念之时，当下激发阴质转化升腾，化为甘露。这就是"既得其母，以知其子；既知其子，复守其母"。意丹的阳意发动，时刻与天地交流沟通信息和能量，只是修道者必须谨慎守持阴阳交流、天人沟通的程度和火候，时刻实现元神与元气的自洽平衡，不然可能出现所谓意火中烧，得不偿失。人类很多精神的疾患，都是用意过度，对意识的发动缺乏节制，从而使得意识流散过度所致。

  在实际丹道修炼中，要注意守住至柔之气，养护至柔之心，让自然之意生生不息，不掺入一丝私人见解，不加入一丝个人见闻，从而让自然之意本然坦露，本来即在。在这样的收视反观过程中，自然之意能够催生先天一气，这就是生命的真种子现前，也就是真常之道。先天一气悬于太空之中，有物则气在物，无物则气还太虚，太虚并非空无一物。天地间举凡一切有象者，皆有生灭可言，只有元炁不生不灭，不垢不洁，不增不减，似乎空但不真空，似乎不空但其实真空，这就是至神而至妙者的状态，所以天下万物生生不息的丹意从气的开合开始。

  老子以虚静的心灵体悟到了自然界和人类社会的事物中都存在矛盾，矛盾的双方会向自己的反面转化，这种"常道"包含了辩证法的内容。如有无、难易、高下、音声、美恶、善不善、寒热、大小、轻重、死生、祸福、治乱等（第三十章）。老子希望人们掌握对立统一的规律，在处理矛盾时尽量避免斗争和激化矛盾，力图消弭矛盾的对抗性，重视矛盾的统一与和谐。"反者道之动"是老子哲学的根本思想之一，包括对立转化和返本复初等含义，由此发展出逆向思维的推理方式。世人通常都注意事物矛盾中的正面表现，道家却留心于剖析矛盾背后隐藏着的反面变化的趋势，并从通达大道的境界去推测未来，这就是老子讲的"我独异于人，而贵食母"（第二十章）的秘密。

第五十三章 行于大道 唯施是畏

【原文】

使我介然有知，行于大道，唯施是畏。大道甚夷，而人好径。

朝甚除，田甚芜，仓甚虚；服文采，带利剑，厌饮食；财货有余，是谓盗夸。非道也哉！

【中译】

假如作为君主的"我"对大道略有所知，能够独立自主去推行大道，最担心的就是有所施为。大道本来虽然平坦，可是君主似乎更喜欢走邪径。

朝堂修治得越奢华，农田越荒芜，仓库越空虚；可是君主还穿着锦绣衣服，佩戴锋利宝剑，饱餐精美饮食，搜刮占有富余货财。君主的这些做法都在逼百姓走上邪道，其实是招引百姓去当强盗，进而争相夸耀。如此逼迫百姓去当强盗的行径实在是太无道了啊！

【法译】

Si j'avais la moindre parcelle de bon sens, je marcherais sur la Grande Voie, ne craignant que d'en dévier. La Grande Voie est très une, mais les hommes aiment les multiples sentiers.

Si à la Cour abondent les grades, dans les champs abondent les friches et dans les greniers abonde le vide. Quand on porte des robes brodées et multicolores, qu'on se ceint d'épées tranchantes. On se gorge de nourritures et de boissons et on possède des richesses en abondance, mais tout cela s'appelle vol et ostentation et est contraire à la Voie.

【英译】

If I had the slightest bit of sense, I would walk on the Great *Dao*, afraid only of deviating from it. The Great *Dao* is very plain, but men love the side trails.

If at Court there is an abundance of ranks, in the fields there is an abundance of wasteland, and in the granaries there is an abundance of emptiness. When one wears embroidered and multicolored robes, girds oneself with sharp swords, gorges oneself on food and drink, and possesses riches in abundance, all this is called theft and ostentation, and is certainly contrary to the *Dao*.

【解意】

世俗之人容易舍本逐末，不务实地修好内功基础，只去追求外观的炫目和外表的华丽，在乎光彩的衣服，精致的刀剑，珍稀的饮食，充足的财宝，却不去担忧根本大道的单薄和匮乏，反而期待枝繁叶茂。如此，对外物的欲求几乎无边无际，希望外物能够取之不尽用之不竭，能够无忧无虑、随时随地地取用，这种以破坏外物生态来滋养自己身体的生活状态，又怎么可以持续呢？

内丹修炼致力于改变身体状态，这一改天换命的伟大工程需要戒骄戒躁，循序渐进，一步有一步的效验，一级有一级的关口，不可能急急忙忙就能够窥见大道的境界，所以亲近大美之器只能徐徐展开。大道本来平淡简便，但如果总是想走捷径小道，则生命的自然之意就得不到保养维护，生机就难以保全。喜欢走小道就是不愿意顺自然之大意，是私欲私心干扰所致。顺从自然之意，其实就如同孟子所谓顺从本初、原初的良知、良能一般，其知不难，但是保持保养，在日用伦常之间都合乎其自然之意，就需要一番久久为功的钉钉子精神。老子说"介然有知"，既是稍有所知，也是忽然而知，从无知无觉当中忽然有所知，不待安排，无事穿凿，鸿鸿濛濛，天地初开之一气，从先天原始之祖气开始的原始心念，也是孟子所说的"乍见孺子将入于井，皆有怵惕恻隐之心"这样的本心当下一闪念。就人的心意流行的过程而言，良知是起心动念最初即是的瞬间状态，眼前即是，一不注意，转瞬就可能被诱而物化，导致欲起情生，不知不觉流于后天知识闻见之私，如此顺而施之，散心消形，所以非常需要敬畏。修丹之人，眼有智珠，胸藏慧剑，念起即照破妖魔，意生即斩断情丝，从采药开始，以至还丹有成，一路都是良知发为良能，自然之意一马平川，所向无敌，所以说大道其实非常平坦。

修炼内丹就是修炼自然丹意——在"虚""静""无""朴""无物"等状态当

中，不断去领悟和体会本初状态。这种本初状态并不是简单等同于事物发生的原点，或者一件事情的开始之点，而是在更高层次上与原点对应的终极状态，即悟通大道的高维境界。内丹仙学悟透生死，融身大化，让修丹的意识时刻回到"父母未生"时的状态，实际上是在意识当中时刻模拟时间的反演过程，向虚静丹意的大道复归。

第五十四章

修之于身　其德乃真

【原文】

善建者不拔，善抱者不脱，子孙以祭祀不辍。

修之于身，其德乃真；修之于家，其德乃余；修之于乡，其德乃长；修之于邦，其德乃丰；修之于天下，其德乃普。

故以身观身，以家观家，以乡观乡，以邦观邦，以天下观天下。吾何以知天下然哉？以此。

【中译】

善于用意丹建德成事的不可能拔除，善用意丹抱朴守业的不会脱离祖上的余荫，后世子孙若能领悟并力行意丹，那么社稷宗庙的祭祀将世世代代相传不绝。

用意丹之道来修身，能够全真保身，这样"德"就可以真淳厚实；用意丹来治家，六亲能够和睦，这样就可有余庆之"德"及于后世；用意丹来治乡，乡邻能够和谐，这样"德"就可以绵延长久；用意丹来治国，政事能够安定，这样"德"就可以丰盛硕大；用意丹来治天下，万物都能自化，这样"德"就可以普照天下。

于是，要从我自身修身之意丹来观照他人，以修意丹之家来观照他家，以修意丹之乡来观照他乡，以修意丹之国来观照他国，以修意丹之天下来观照古今天下。我怎么会知道天下的情况应该这样子呢？我就凭借以上修炼意丹的方法和道理。

【法译】

C'est qui est bien planté ne peut être arraché, ce qui est bien embrassé ne saurait s'échapper. Ainsi, les sacrifices aux mânes offerts par les fils et les petits-fils ne cesseront pas.

(La Voie), cultivée en soi-même, sa vertu sera vraie; cultivée dans sa famille, sa vertu sera abondante; cultivée dans sa communauté, sa vertu sera croissante; cultivée dans l'État, sa vertu sera force; cultivée dans l'Empire, sa vertu sera universalité.

Observe donc l'autre personne d'après ta personne; les familles d'après ta famille;

les communautés d'après ta communauté; les pays d'après ton pays; le Royaume d'après ton Royaume. Comment sais-je qu'il en va ainsi du Royaume? Par cela même.

【英译】

What is well planted cannot be uprooted, what is well embraced cannot escape. Thus, the sacrifices to the manes offered by the sons and grandsons will not cease.

(For the *Dao*), if cultivated in himself, his virtue will be true; cultivated in his family, his virtue will be abundant; cultivated in his community, his virtue will be increased; cultivated in the State, his virtue will be strong; cultivated in the Empire, his virtue will be universality.

So: observe the other person according to your person; the families after your family; communities according to your community; the states after your state; the Empire after the Empire. How do I know that this is the case with the Empire? By this.

【解意】

能够保养十世之恩泽的人，必须要有十世的子孙去保养守护其福分；能够保养百世之德的人，也必须要有百世的子孙去保养守护家族的福分。这就是无为的境界，是自然之道时刻在自然之意的境界当中的彰显。要领悟道意，用以修身，则悟道修德需要与日俱增，才能让真元之炁滔滔不绝。

齐家就是守住家庭的元炁，守住元炁则家和万事兴，用元炁来治国，则国家繁荣昌盛。修养此身元炁，则形神俱妙，道即身，身即道，以通道的元炁修之于家，则一家人都会受到元炁的感召而相亲相爱，彼此相亲的家人，大道自然亲近他们，把大道修之于乡邻，则邻里的沟壑自会消弭。把齐家的元炁修之于国，就容易万众一心，四方元炁云动汇聚，犹如天下归仁，仁爱之元炁聚拢不散。这与儒家义利观的说法有区别，因为跟所谓德治的境界不同，不是义与利的权衡，而是自然之意的自然生发的政治生态。

道家也有家国同构的理想，认为人天本来一道，修身之道通于家国之道，自然之意能够通贯四达，既没有欠余，也没有疏漏。老子如此平静怡然地感叹：我怎么会知道天下的情况应该这样子呢？我就凭借以上修炼意丹的方法和道理。以得道的大德去感化人心，人们虽然身体相异，但人心不异，当自然之意贯注乡里，则淳朴民风自然生成。用意丹来治国，就能够安定国家，自然之意就可以从乡往国，不断丰盛硕大。用意丹来治天下，万物都能通于自然之意而自然感化，意丹境界就可以光耀天下，"意"之"丹"显化而成就。凡丹若有形之物，有成则有毁；神丹好像无形之天地，既无终也无始。所以古人认为，金丹大道经历万古都不会磨灭，区别无非在于人是否可以意会大道，从而以己之德去与大道相应，不断修己之身。德虽然是悟道而得，但非由后起；虽然是修道而有所得，但非自外来。因为人的德本乎天道，本乎内在本性，所以可以明心见性，悟道有得而成德。天地生人，本性清浊不同、贤否各异，但自古以来，从家庭以至天下，都一直有恒常的大道本性，所以一心之道可以融贯万姓之意，一人之德可以孚信万民之意。用这样的道意去修身齐家，那么大道之德就会有余；用这样的意丹境界去修身化乡，那么大道之德就会不断增长。至于运用丹道之意去治国平天下，自然就与儒家垂衣裳而天下自化的理想相通融。可见，儒家和道家都从反观来讲修身之道，而儒家治国平天下的理想，其实通于道家丹意之恒常境界。

感悟自然丹意，需要"见素抱朴，少私寡欲，绝学无忧"（第十九章），"常德乃足，复归于朴"（第二十八章），"道常、无名、朴。虽小，天下莫能臣"（第三十三章），"吾将镇之以无名之朴"（第三十七章）。"素"的本意是未染之丝，"朴"指的是未雕之材，"朴素"指的是一种未经人工雕琢和污染的自然状态。道学思想总是以"返朴归真"为总纲，反对人力过分地掠夺自然界，也反对社会道德对人的本性的过分扭曲。人生来就有欲望，但人欲望过多，一旦贪得无厌地掠夺自然界，就必然会招致大自然的报复，比如当今世界范围内出现的环境污染、生态破坏、资源匮竭、气候异常等现象，其实就是人力过分掠夺自然资源造成的恶果。统治集团固然可以利用智能和技巧不断去强化国家机器，以严刑峻法去越来越严格地控制人民，同时又用纲常礼教等压制人心，但这样一来，朴素自然的人性就会被虚伪的礼仪教化所扭曲，越来越多的人为争名夺利而勾心斗角、尔虞我诈，人欲横流，结果"人多利器，国家滋昏；人多伎巧，奇物滋起；法令滋彰，盗贼多有"（第五十七章），甚至出现人与人相互残杀的战争和灾难。这是老子致力于提倡大道的无为，明确反对过度有为对社会和人性造成戕害的原因所在。

第五十五章

含德之厚 比于赤子

【原文】

含德之厚，比于赤子：毒虫不螫，猛兽不据，攫鸟不搏。骨弱筋柔而握固，未知牝牡之合而朘作①，精之至也。终日号而不嗄，和之至也。

知和曰常，知常曰明，益生曰祥，心使气曰强。

物壮则老，谓之不道，不道早已。

【中译】

含养深厚而有德（有所得）的人，像初生的婴儿：毒虫不能刺伤他，猛兽不会抓伤他，凶鸟不去扑击他。他的骨骼如此软弱，筋脉还很柔和，可是拳头却握得很牢固，他虽然还不知道男女交合的事情，可是他的小生殖器却能够常常勃起，这是因为精气充沛至极。他整天号哭，可是嗓子却不会沙哑，这是因为他有冲和醇厚的元气。

知道元气冲和的道理就会有助于保守常道，认识保守常道的道理叫作高明。人如果想用外在贪利来补益生命元气，其实会带来灾殃。私心用欲去指使和气，就等于是逞强，而逞强肯定不能持久。

事物之所以会从强盛转到衰老，是因为人把欲望强加给大道；这就叫不合自然元气的保养之道，如果不遵守保养元气的常道，就容易过早死亡。

【法译】

Celui qui possède la plénitude de la vertu ressemble à l'enfant nouveau-né ; les insectes ne le piquent pas, les oiseaux ne fondent pas sur lui. Il a les os frêles et les muscles débiles, mais il saisit avec fermeté. Il ignore encore l'union du mâle et de la

---

① 道家养生强调调动、保持阳气，经过修炼回到先天道境，道家式的性是"性无为的"（sexually inactive）或者是"非性的"（non-sexual），有一种"对性的悖论性控制"（the paradoxical anchoring of the sexual in the non-sexual，参 [德] 汉斯－格奥尔格·梅勒《〈道德经〉的哲学：一个德国人眼中的老子》，刘增光译，人民出版社，2010 年，第 32 页）。这与柏拉图关于欲望的观念是相反的，后者认为精神生产力比单纯的生理生产具有更高价值（[德] 汉斯－格奥尔格·梅勒《〈道德经〉的哲学：一个德国人眼中的老子》，刘增光译，人民出版社，2010 年，第 39 页）。

femelle, mais son pénis est souvent dressé, car sa vertu séminale est à son comble. Il vagit tout le jour sans que sa gorge ne s'enroue, car l'harmonie naturelle est complète en lui.

Connaître l'harmonie signifie survivance; connaître la survivance signifie illumination. Augmenter la vitalité signifie mauvais présage; dominer par l'esprit le souffle vital signifie violence.

Quand les êtres sont devenus robustes, ils vieillissent. Cela se dit "aller contre la Voie". Celui qui va contre la Voie a une fin prématurée.

【英译】

He who has the fullness of virtue resembles a new-born child; venomous insects do not sting him, birds do not swoop down on him. He has frail bones and feeble muscles, but he grasps with firmness. He is still unaware of the union of male and female, but his penis is often erect, because his seminal virtue is at its peak. He cries all day long without his throat becoming hoarse: this is because the natural harmony is complete in him.

To know harmony means survival; to know survival means enlightenment. Increasing vitality means a bad omen; to dominate the vital breath by the spirit means violence.

When people have become robust, they grow old. For this (excess) is called going against the *Dao*. What goes against the *Dao* comes to an early end.

【解意】

赤子是道家哲学和内丹修炼一个极为重要的意象。赤子呱呱落地的时候，虽然已经离开母体，已具备另一个造化气质，但是仍然保有天真无邪之心，有一种混沌天元、无思无虑的气象，这就是自然之意的最佳注脚，所以说不用担心毒虫会来叮咬螫刺。可是，孩子一旦年华渐长，虽然能够行动自由，思维日渐活跃，也越来越强壮有力，但天人的自然之意就似乎渐行渐远，其意识状态接通天然的感觉就弱化了；其感通天地的心安理得的时候少了，但危机和危险也就增多了。赤子的状态阴阳平衡，情欲恬淡，当时还不知男女交欢，但是其元气仍然充沛之至，其中生机无限，这是和之至，好像天籁自鸣，毫不造作，自然之意随口、随心、随意而出。这样感通自然之意的起心动念，时刻都合乎道意、道心。待身体日渐强壮之后，天心逐渐潜隐，意识被人心所乱，精神耗散日多。可见，生机勃勃的人，他的意识时刻通于自然之意，精气充满充足，态度柔和柔软，心意舒展，轻松安然，一旦老壮，则处处巧言令色，装腔作势，表面都是礼仪礼貌，看起来文明，但其实都是带着勉强的面具，此即不在道中的状态，这不是自然之意的本然流淌，所以不道就容易衰老死亡。

赤子虽然无知无识，但保持着天道和气，模仿赤子之心，体会赤子之意，让天行时刻康健，达到阴阳造化、洞悉通达的境界，所以说，人作为个体，和人作为群类的祥瑞，都源自赤子之心。理解赤子之意修道而有得的赤子之德，才能不断亲近赤子之道，也就是接近宇宙的大道。

道家哲学崇尚雌、柔、不争之德，"知其雄，守其雌，为天下溪。为天下溪，常德不离，复归于婴儿。知其荣，守其辱，为天下谷。为天下谷，常德乃足，复归于朴。"（第二十八章）老子提倡知雄守雌、知荣守辱，是基于观察到越低下的地位越蕴藏巨大的潜力，越谦让就越能激发进取之心；反之，争雄和取荣会导致人不断追求盈满和骄傲，从而在成长之路上播下败亡的种子，这是老子明确反对的。在道家看来，人一生下来的状态，其实就是和气的极致，所以人终其一生，都应该用温和、慈弱、柔下的心意去护持根本的元炁，因为人生本来就是元炁消散的过程，这个过程越慢，人生之路就越漫长，人生就越成功，这种道家保守元炁的价值观和儒家追求在世的个人成功、光宗耀祖，可以说形成鲜明的对比。

第五十六章

知者不言　言者不知

【原文】

知者不言，言者不知。

塞其兑，闭其门；挫其锐，解其纷；和其光，同其尘，是谓玄同①。

故不可得而亲，不可得而疏；不可得而利，不可得而害；不可得而贵，不可得而贱。故为天下贵。

【中译】

悟知大道的人意会道体精微，无法言传；喜欢谈论道休的人，其实没有真正理解大道，也不明智。

修得意丹的人塞住欲念通达世间的穴窍，封闭欲念的门道，挫磨自身的锋锐，消解欲念的纷扰，收敛自己的光耀，混同世间的尘俗。他就达到了与大道玄妙和同的境界。

修养达到与大道玄妙和同境界的人，没有人能够让他觉得特别亲近，也没有人可以让他觉得特别疏远；谁也无法使他获利，谁也难以使他受害；谁也无法使他高贵，谁也难以使他低贱。于是他就被天下所有人视为尊贵。

【法译】

Celui qui possède la plénitude de la vertu ressemble à l'enfant nouveau-né; les insectes ne le piquent pas, les oiseaux ne fondent pas sur lui. Il a les os frêles et les muscles débiles, mais il saisit avec fermeté. Il ignore encore l'union du mâle et de la femelle, mais son pénis est souvent dressé, car sa vertu séminale est à son comble. Il vagit tout le jour sans que sa gorge ne s'enroue, car l'harmonie naturelle est complète en lui.

Connaître l'harmonie signifie survivance; connaître la survivance signifie

---

① 玄同是玄妙齐同，指心思意念化同于其所在之境，心物齐同，冥然混同，这是无法言说的玄妙齐同之境，当意会丹意之时，可以感受到一种玄妙不测的通达状态，无法言说，如 Arthur Waley 将 "玄同" 译为 "the mysterious leveling"（ *The Way and Its Power, A Study of the Tao Te Ching and Its Place in Chinese Thought*, Grove Press, 1934, 1958.），可以一参。儒莲译为 "il ressemble au Tao"（如同道），本书译为 "l'Egalisation mystérieuse"（神秘平等）。

illumination. Augmenter la vitalité signifie mauvais présage; dominer par l'esprit le souffle vital signifie violence.

Quand les êtres sont devenus robustes, ils vieillissent. Cela se dit "aller contre la Voie". Celui qui va contre la Voie a une fin prématurée.

【英译】

He who knows *Dao* does not speak, he who speaks does not know.

He blocks the openings, closes the doors: It blunts every edge, unties every knot, tempers all the splinters, gathers all the dust. It is called: the Mysterious Equalization.

One can be neither close to it nor far from it, neither serve it nor harm it, nor honor it nor depreciate it. That is why it is so respected in the world.

【解意】

悟通大道者会尽量保持沉默，而对大道无感的人，则倾向于发耸人听闻之高论，唯恐天下人不知不识，试图以此吸引眼球、赢得名利，如此沽名钓誉者，皆是"言者不知"的典型写照，因为无道之言必然没有真知，无得道之德，自然于道无感，离道越来越远，在无道的境界当中沉沦下去，人必然堕入无道的深渊。

悟通大道、得到大道滋养的有德之人，其心思念想皆通于自然之意，深知语言的局限和词不达意是表达的困境，所以不会被言说所局限和困住，如果一定要说，也只是不得不说。因为他们知道，世上凡是言语滔滔者，基本都是浅薄无知之辈，其格局有限，几乎全然不知事物的自然之意。如果只知道道家哲学的字面意义，然后就牵强附会，不断标新立异，甚至断章取义，还自以为天下无人可及，在各种场合信口开河，这就是无道的道学，也是学习道学需要避免的情况。

言不及义的多言，必然消耗元炁，会让元炁的本根基础日渐单薄。所以那些功利虚妄的意念会驱散自然之意的生成，会遮蔽心与天道混沌如一的境地。有道之人有感于此，塞堵住嗜好和欲望的孔窍，关闭起嗜好和欲望的门径。挫去自己心意的锐气，消解除去心意的纷扰，让心意平和，似乎没有光芒，也不耀人眼目，从而进入混同尘世的状态。

体悟丹道之丹意的人，会主动闭户潜修，抱元守一，安神默默，元气冥冥，沉静无言，怡然无欲，以无为为为，以无事为事。不可得而亲，亦不可得而疏；不可得而利，亦不可得而害；不可得而贵，亦不可得而贱。如此修道，只求诸己，不求诸人，尽其本性，复尽其命，故为天下之所贵。三界之内，惟道独尊。我修我道，即我贵我道，天下没有高于修炼意丹境界的状态了。

第五十七章

以正治国 以奇用兵

【原文】

以正治国，以奇用兵，以无事取天下。吾何以知其然哉？以此：

天下多忌讳，而民弥贫；人多利器，国家滋昏；人多伎巧，奇物滋起；法令滋彰，盗贼多有。

故圣人云：我无为，而民自化；① 我好静，而民自正；我无事，而民自富；我无欲，而民自朴。

【中译】

以清静无为的正道去治理国家，以诈术奇谋去指挥打仗，以清静无事、不扰人民的状态去治理天下。我如何知道应该是这样的呢？根据在于以下事实：

天下禁忌越多，人民动辄得咎，就越会陷于贫困；人民所拥有的权谋和精巧工具越多，国家就会越滋生昏乱；人民的机心智巧越多，奇物邪事就会不断滋长；法规政令越明确森严，盗贼就越会不断增加。

于是圣人认为：如果统治者自然无为，人民就得以自我化育；如果我喜好清静，人民就得以自然归正；如果我无事不干扰人民，人民就能够自然富足；如果我没有欲望念想，人民就能够自然淳朴。

【法译】

On gouverne un pays par la rectitude, on mène une guerre par des ruses; mais on gagne l'Empire par le non-agir. Comment sais-je qu'il en est ainsi?

Par ceci: plus il y a d'interdits et de prohibitions, plus le peuple s'appauvrit. Plus les hommes disposent d'outils aiguisés, plus le trouble se répand dans la famille et

---

① 丹意作为意物之意（"十玄意门"之一），打开"玄同"境界，意通于物，心物一体，万物齐同。安乐哲译文突出了几个跟"无"有关的词的译法，如"无为"即"do things noncoercively"（非强制性地作为）；"无事"即"non-interfering in our governance"（不干扰政事）；"无欲"即"objectless in our desires"（非目标性非对象化的欲望，参安乐哲，郝大维：《道不远人——比较哲学视域中的〈老子〉》，何金俐译，学苑出版社，2004年，第220—221页），都有一定道理。法译为"C'est pourquoi le Sage dit: Si je pratique le Non-agir, le peuple se transforme de lui-même"（这就是为什么圣人说：如果我不实施干预，人们就会自己转变）。

le pays. Plus les hommes ont d'astuce et d'ingéniosité, plus des choses prodigieuses surgissent. Plus on publie de lois et d'ordonnances, plus les voleurs et les brigands pullulent.

C'est pourquoi le Sage dit: "si je pratique le non-agir, le peuple se transforme de lui-même. Si j'aime le calme, le peuple se rectifie de lui-même. Si je pratique le non-agir, le peuple s'enrichit de lui-même. Si je pratique le non-désir, le peuple revient de lui-même à la simplicité."

【英译】

A state is governed by rectitude, a war is waged by tricks; but the Empire is won by non-doing. How do I know that this is so?

By this: The more instructions and prohibitions there are, the poorer the people become. The sharper the tools men have, the more trouble spreads in the family and the state. The more cunning and ingenuity men have, the more prodigious things arise. The more laws and ordinances are published, the more thieves and brigands abound.

That is why the Sage says: If I practice non-action, the people transform themselves. If I like calm, the people rectify themselves. If I engage in no affairs, the people enrich themselves. If I practice non-desire, the people return to simplicity of their own accord.

【解意】

内丹修炼有成者，深知顺承丹意的正道治理天下的涵义，以丹意的发用来用兵打仗，出神入化，妙计百出，以丹意的无为自然来整合天下。治国的至高境界就是顺应丹意。治理事务与治理身心同一道理，修身之道的要领在于体悟明了丹意。万物皆自涵丹意。领悟内丹之道者，视听言动一准乎礼，心思智虑一定以情，内想不出，外想不入，性定而身自然中和泰定。身心静养持久，则丹机自动，丹意自生，内丹修炼时，心思进火正是险象环生之时，老子喻为用兵，务须因时而进，相机而行，进退有时，烹炼有物，运兵野战，守城有方有界，待时乘势，奇计如神。大药熟则止火，温养暖和丹意于虚境，丹心冰心静养神室，毫无一事，不扰动丹意，此刻丹即仙。这是治身的丹妙之心，也就是治世的丹意之意。

若人类不以自然丹意生活，而热衷于以计谋、权术相互猜忌，人类生活就会陷入无序状态。自然丹意内可以养生，外可以治国，一体同意，一体同化。治理国家的制度，如果不是自然丹意的生成，其内在力量就会大大削弱，制度的系统协调性就会显得机械拼凑。丹意自然无为，养生则四肢百骸、身心健康平衡和谐；统治者顺应自然丹意，则各环节、各领域的人们亦以自然丹意回应，上下同心，一呼百应。丹意是因修道而成就的最美妙的身心自然的状态，通于圣人治理天下时达到的舒畅顺达的精神境界，此一状态，春和景明，风和日丽，以丹生意，以意成丹。丹意是宇宙混沌未分时的先天状态，统治者的心意合乎丹意，则天下以道生心，以丹感应，每个人都是国家的主人，人民自然自强不息、富足发展。

第五十八章

其政闷闷　其民淳淳

【原文】

其政闷闷，其民淳淳；其政察察，其民缺缺。①

祸兮，福之所倚；福兮，祸之所伏。孰知其极？其无正邪？

正复为奇，善复为妖。人之迷，其日固久。

是以圣人方而不割，廉而不刿，直而不肆，光而不耀。

【中译】

如果政治素朴宽容，人民就变得敦厚淳朴；如果政治苛酷分明，人民就变得狡猾精明。

可见灾祸啊，其实正是幸福所依傍的地方；幸福啊，其实正是灾祸所潜伏的所在。谁能知道最后是灾祸还是幸福呢？难道就找不到把握它们的正当方法了吗？

正直可以忽然转变为诡诈，善良可能忽然转变为邪恶，人们对正与奇、善与妖之间的迅速转换感到迷惑，应该由来已久。

于是，圣人在治理天下的时候，行事方正却不勉强生硬，棱角分明却不伤人害物，直率耿介却不恣肆胡来，正大光明却不耀眼晃目。

【法译】

Lorsque le gouvernement est faible et placide, le peuple est intègre et pur. Lorsque le gouvernement est sagace et pointilleux, le peuple est paresseux et rusé.

Sur la mauvaise fortune, la bonne fortune s'appuie; sous la bonne fortune, la mauvaise fortune se cache. Qui en connaît les apogées? La norme existe-t-elle? Le

---

① 淳淳：一本作"沌沌"，淳朴厚道，人民浑浑沌沌地与丹意共在，不用机心智巧，宽厚自然。刘殿爵的译文"When the government is muddled, the pepple are simple. When the government is alert, the people are cunning"（*Lao Tzu: Tao Te Ching*, London: Penguin, 1963.）和 Stephen Mitchell（1988）的译文"If a country is governed with tolerance, the people are comfortable and honest. If a country is governed with repression, the people are depressed and crafty"各得一偏。儒莲译为"le peuple devient riche"（人们变得富有），戴闻达译为"le peuple est plein de défauts"（人们充满了缺陷），本书译为"le peuple est paresseux et rusé"（人们懒惰而狡猾）。

droit couvre l'arbitraire; le bien se change en perversion. Il y a bien longtemps que les hommes ne font qu'errer.

C'est pourquoi le Sage est carré sans être tranchant; il est aigu sans être perçant; il est droit sans être contraignant; il éclaire sans éblouir.

【英译】

When the government is weak and placid, the people are upright and pure. When the government is sagacious and fastidious, the people are lazy and cunning.

On bad fortune, good fortune rests; beneath good fortune, bad fortune is hidden. Who knows the limit? Is there a standard? The law covers arbitrariness; good is changed into perversion. It has been a long time since men have done nothing but wander.

Therefore the sage is square without being sharp; he is angular without being pointed; he is straight without being restrictive; he illuminates without dazzling.

【解意】

治国要体悟丹意，不要以个体私意揣测强加丹意，事事严苛，人民就会失去丹意，以狡黠之诡计应付，变得对抗、圆滑、虚伪。丹心之意没有分别对待，没有进退祸福，只是个人以一己之私断定成败祸福而已。以丹意观之，物无贵贱，以物观之，自贵而相贱。时刻保持丹心丹意的人，生命的元气原动力永远是充沛的，不会耗散；不仅身心保持阳暖状态，世俗事业的发展也是兴旺发达的。

丹意就是无论遭遇何种祸福境遇，都以平常心坦然处之，融通万事万物于虚无化境之中。道曰大道，丹曰金丹，都具有无名无象之属性，生成天地清明一气。内丹修炼其要在虚无自然，修炼始终，皆为纲要。人能知冲漠无朕是大道根源、金丹本始，从虚极静笃中，养得浑浑沦沦、无知识、无念虑的丹意真本面，因我之性、情、精、气、神皆是先天一炁而来，修道则道成，炼丹则丹就。不知无为为本，则知识不断积累，纷扰愈多，虽有性有情，皆后天气质的私心私欲，至于精、气、神，都是后天有形有色的容易变易之物。

第五十九章 有国之母 可以长久

【原文】

治人事天，莫若啬①。

夫唯啬，是谓早服；早服谓之重积德，重积德则无不克；无不克，则莫知其极；莫知其极，可以有国；有国之母，可以长久。

是谓深根固柢、长生久视之道。

【中译】

治理人民与养护天生元气的道理相通，因为没有比爱惜民力和保精养气更为关键的事情了。

爱精惜气，就叫作及早防护；早做防护，就是重视积累自己所得的"德"性；重视不断积累"德"性的人，没有什么不能攻克的；既然能够无往而不胜，那就没人能够知道你所得的"德"的限度；一旦得到这种无法估量的"德"之力量，一个人就可以担负起治国理政的重任。掌握了治国理政的根本大道，国和家就都可以长治久安。

这就是如何让根基深厚、本元坚固，进而使得生命不衰、长久存在的大道。

【法译】

Pour gouverner les hommes et servir le Ciel, rien de mieux que la modération.

Pratiquer la modération signifie se conformer de bonne heure à la Voie. Se conformer de bonne heure à la Voie signifie accumuler beaucoup de force vitale. Pour celui qui pratique ainsi, il n'y a rien dont il ne soit capable. S'il n'y a rien dont il ne soit capable, il ne connaît pas les limites de son pouvoir. Qui ne connaît pas ces limites peut posséder un royaume. Seulement celui qui adhère à la Mère du royaume peut le garder longtemps.

Voilà ce qu'on appelle la Voie de la racine profonde, de l'implantation ferme, de la longue vie et de la vision durable.

---

① "啬"是爱惜、收敛、含藏保养精气，使得精神与精气内敛而不流散。Stephen Mitchell 译为"moderation"。法译为"rien de mieux que la modération"（没有比节制更好的）。

【英译】

To govern men and serve Heaven, nothing is better than moderation.

To practice moderation means to conform early to the *Dao*. To conform early to the *Dao* means to accumulate a great deal of life force, then there is nothing of which one is not capable. If there is nothing one is not capable of, one does not know the limits of his power. Anyone who does not know these limits can own a kingdom. Only one who adheres to the Mother of the kingdom can keep it for a long time.

This is called the *Dao* of the deep root, of firm implantation, of long life and of sustainable vision.

【解意】

以丹意契合人事，则天人合一。要想治理天下或者侍奉上天，以身心去切合丹心丹意就是最好的方法。丹意在起心动念的每时每刻，在视听言动的每一境遇，如五脏六腑、四肢百骸，都源源不断。要在精、气、神比较充沛的状态，小心呵护着丹意的运作。一切真正领悟大道的德性的聚合、展开都需要丹意的参与生成，在起初一念的时刻，丹意伴生，进而让丹意浸润全部身心时空，则无坚不克，无事不成。人类的意识能否产生改造世界的力量，在主客观沟通投射的全过程里，将心意化为对象化的存在，则唯有依靠丹意的发用。否则，即使苦思冥想，重重努力，也无济于事。能够从初心发动处接续丹意的人，就可以承担治国理政的大任，就可以在丹意自然流淌的过程中，生成统治者源源不断的精神动力和自如的治理策略。人的精神是否能够有巨大的凝聚力和感召力，植根于精气神是否顺承丹意的自然化生和自然配置，其结丹之意的程度是否达到了通达天地日月的境地。

道学既是治身之学，又是治心之学，也是治国之学，三者同体而一理。究其推理方式，一是"推天道以明人事"的天人合一观，一是"天地与我并生，而万物与我为一"（《庄子·齐物论》）的物我体观。无论治人、治国、事天，要旨都在于是否能够做到尽人事的丹意贯通天道之意。"天人本一气，彼此感而通。阳自空中来，抱我主人翁"，其道不外虚无，存养省察，继而以性摄情，水火混融，坎离和合，先天气动，运转周天。此取坎中之满，填离中之虚，即命基筑固，修成人仙之功。再将离中阴精下入于坎户之中，将坎中阳气合离中阴精配成一家，种于丹田，炼而为药，复还纯阳至宝之丹，可以升汉冲霄，飞灵走圣，缔结神胎，通天贯地。

第六十章 两不相伤 德交归焉

【原文】

治大国，若烹小鲜。

以道莅天下，其鬼不神。非其鬼不神，其神不伤人。非其神不伤人，圣人亦不伤人。

夫两不相伤，故德交归焉。①

【中译】

用大道治理大的国家，要像煎烹小鱼一样，不乱翻动，保持自然无为的状态。

如果用大道来治理天下，政事就会清明，连鬼也不敢以其神妙作用来影响人间的事情。不是鬼和神自身不再能产生神妙影响，而是它们神妙的影响不再能伤到人了。鬼神之所以不再能伤害人，那是因为圣人有道且无为，于是鬼神自然就不再能伤害人了。

因为鬼神和圣人都不再伤害人民，所以人民就得以沐浴在神与圣共同恩德的润泽之中。

【法译】

On gouverne un grand Royaume comme on fait frire des petits poissons.

Quand le Royaume est dirigé en accord avec la Voie, les mânes ne sont pas des

---

① "伤"是侵犯压迫之感，指鬼神和圣人都不侵害人；刘殿爵译为 "neither does any harm"（*Lao Tzu: Tao Te Ching*, London: Penguin, 1963.）。圣人不仅要保证自己的丹意顺施天下，而且让天地鬼神都来佑助人民，让天与神交替交感来庇护民众平安前行。圣人之治让人与鬼各安其分，鬼也就不出来伤人了。宇宙间有益无益的力量都受到无为之德的感召，实现两不相伤，一切契合于神灵和圣人通于天地丹意的无为之大德。"德"，刘殿爵译成 "merit"（*Tao Te Ching*, Hong Kong: Chinese University of Hong Kong Press, 2001, p. 89.），安乐哲译为 "powers"（安乐哲、郝大维：《道不远人——比较哲学视域中的〈老子〉》，何金俐译，学苑出版社，2004 年，第 229 页），陈汉生译为 "virtuosities"（*Daodejing: On the Art of Harmony*, New York: Shelter Harbor Press, 2017, p. 161.）。法译为 "Dès lors que ces deux ne se nuisent pas mutuellement, leurs vertus entrelacent leurs effets"（只要这两者不相互伤害，它们的美德就会交织在一起）。

fantômes. Ce n'est pas que les mânes ne soient pas des fantômes, mais ils qui ne causent pas de tort aux hommes. Non seulement ils ne causent pas de tort aux hommes, mais le Sage souverain non plus ne nuit pas aux hommes.

Dès lors que ces deux ne se nuisent pas, leurs vertus entrelacent joignent leurs bienfaits.

【英译】

You govern a great state like you fry small fish.

When the Empire is ruled in accordance with the *Dao*, the ghosts are not spirits. It is not that the ghosts are not spirits, but spirits that do not cause harm to men. Not only do they not harm men, but neither does the Sovereign Sage harm men.

As long as these two do not harm each other, their virtues intertwine their effects.

【解意】

治理大国要顺从清静无为之丹意，好像烹煮小鱼小虾一样，不要反反复复随意折腾翻动，否则很容易导致破碎不堪。体悟修丹的真意，需要在静定虚寂的状态耐心等待，如鸡孵卵，不急不躁，若即若离，特别是当各类私心起来的时候，要时时处处警醒，关照之，看管之。能量积蓄，丹意愈加圆熟自如，起心动念都循规蹈矩。丹意生成之后，个体会有清晰的感受，意念清静把守。遵从丹意的自然运作，治国理政都会举重若轻，似乎此时鬼神都不敢出来捣乱一样。这并不是鬼神不再兴风作浪了，而是有了丹意密布的统治者，其内心的精神状态已经被丹意充满，各种怪力乱神也都被丹意降服，不敢胡来了。丹意其实并非意念之外另有一意，而正是日常意念能量归正的状态与澄明的境界，所谓良知本正，治理者就如同大脑神经中枢，一旦被光明通达、金光照耀的丹意笼罩，人民就会自然感应顺从，达到万物并行而不悖的国泰民安的美满境地。

在内丹修为者看来，圣人治国正是一个全程由丹意主导展开的过程，几乎就是丹意施展的舞台。在阴阳互动的界面上，阴面的鬼神可以助力阳面的人事和国事，以丹意恩德于鬼神，交相辉映，共同成长成就。以大国喻大道，以烹小鲜喻炼丹。小鲜指的是羔羊鱼肉之类，烹饪主要是为了调和五味，所以需要以温养之火慢慢烹煎，滋味很快出来。修炼大丹，也只是取和合四象，攒簇五行，使三花聚于一鼎，五气聚于中田，于是天然神火得以慢慢温养，不用加减，无事矫持，逆而取之，顺而行之，七返九还，都易如反掌般修养自得。

第六十一章 天下之交 以静为下

【原文】

大国者下流，天下之交，天下之牝。牝常以静胜牡，以静为下。

故大国以下小国，则取小国；小国以下大国，则取大国。故或下以取，或下而取[1]。

大国不过欲兼畜人，小国不过欲入事人。夫两者各得所欲，大者宜为下。

【中译】

大国应该像江河处在下游那样，成为天下归附的交汇之地，也是天下雌静之位。雌性总是以安守静定来胜过刚强躁动的雄性，这是因为它谦静柔下。

可见，大国如果对小国谦下而有礼，那就可以取得小国信任和归附；小国如果对大国谦下而忍让，那就可以取得大国的包容和护助。因此，或者大国对小国谦让居下，以取得小国的归顺和依附，或者小国对大国谦让居下，以取得大国的庇佑和护助。

大国不过就是想得到小国拥戴以蓄能，小国不过就是想服事大国以保全。如果双方都想要满足自身欲望，大国就更应该主动谦柔居下。

【法译】

Un grand pays est d'aval; il est le lieu où les courants venus de Tout-sous-le-Ciel se rejoignent. Il est comme la femelle de Tout-sous-le-Ciel.

La femelle conquiert toujours le mâle par sa passivité. Être passif, c'est adopter la position basse. En s'abaissant devant un petit pays, un grand pays le prend. En s'abaissant devant un grand pays, un petit pays le prend. Ainsi, l'un prend en s'abaissant, l'autre, en s'abaissant, est pris. Un grand pays ne veut rien d'autre qu'unir les hommes et les nourrir. Un petit pays ne veut rien d'autre que s'allier au grand et

---

[1] 或下而取，可以理解为阴力（意）以其谦下而吸取阳力（意）的能量。英译"absorb"近之，如林振述（Paul J. Lin）译为"Therefore, one either puts himself beneath to absorb others, or puts himself under to join with others"，儒莲译为"C'est pourquoi les uns s'abaissent pour recevoir, lesautres s'abaissent pour être reçus"（这就是为什么要相互谦让接受），本书译为"Ainsi, l'un prend en s'abaissant, l'autre, en s'abaissant, est pris"（相互谦让，互助）。

prendre part au service des hommes.

Tous deux obtiennent ainsi ce qu'ils veulent; mais il faut que le grand s'abaisse.

【英译】

A great country is downstream; it is the place where the currents from All-under-the-Heaven meet. It is like the female of All-Under-the-Heaven.

The female always conquers the male by her passivity. To be passive is to adopt the low position. By lowering itself before a small country, a large country takes it. By lowering itself before a large country, a small country takes it. Thus, one takes by lowering himself, while the other, by lowering himself, is taken. A great country wants nothing more than to unite people and feed them. A small country wants nothing more than to ally itself with a great one and take part in the service of men.

Both get what they want; but the great must lower himself.

【解意】

丹意者何？其内在属性经过各章的解读，已经可以描绘出来。强盛的大国如果走向霸凌的方向，就走在了失去丹意的不归路上，走在了即将衰退衰落的方向上。所以，一个组织越强盛，就越需要自觉地注入雌柔的丹意，战战兢兢地体现出善下之心。静定、克制、柔弱、退让、卑微、谦恭，这些态度正是丹意维护保养的基础。所以老子说，大国应该主动谦柔居下。因此，以丹意主导的炼丹之学，皆当以柔为主，以静为要。

丹意可以比喻为元神，"下流"的意思即丹意的神光下照丹田，而阴精亦下流入丹田，神火丹光照耀，精化气就完成了。人类的身体结构中有各种气脉聚集，五气之期会，精气神的春华秋实，所有结丹成胎、出神入圣，都需要在丹田当中完成。根据道家身体观，丹田在人身上确有对应的精准位置，但修炼并不需要拘泥于此，真正的丹田是丹意自然生成的。所谓"天下之交"，如同百川江河众流归于大海，好像炼丹的炉鼎就在这里。丹药生成始终柔和绵长，因此以人类的自然生殖来比喻，取象于天下之牝。雌性的母性温柔谦和，正是老子所谓

"道"的特点，又说要"专气致柔"，说明和气都是柔和的气之聚集。因此至柔至和，才能元精溶溶，以气生神。元精在体内充满，肾气在其中静密收持，如此柔韧地持存阳气，让阳气满满升腾起来。

修炼的关键，必须使得刚硬的心意变柔，让躁动的心意变静；让肾气的柔弱部分变得刚强，让过静的部分运动起来。要以离女的柔和，温养坎男之阳刚，从而达到取坎填离、阴阳合体的境界，情不妄动，以默以柔，谦和忍下。进而使上丹田的琼浆美液流入元海，美液又化气而入下丹田。采取丹田金水之气，逆运河车，上转天谷。整个修丹的过程，都是以柔顺丹意为主，不强意而为。

第六十二章 万物之奥 善人之宝

【原文】

道者，万物之奥，善人之宝，不善人之所保。

美言可以市尊，美行可以加人。人之不善，何弃之有？故立天子，置三公，虽有拱璧以先驷马，不如坐进此道。

古之所以贵此道者何？不曰：求以得，有罪以免邪？故为天下贵。

【中译】

大道是荫庇万物之所，是善于得道之人的珍稀宝藏，也是不善于得道的人必须要保持和依靠的。

得道的美好言辞可以换来别人的尊重；得道的良好行为可以帮人们走上正道。即使那些不善于得道的人也需要大道去庇护他们，他们又怎么敢舍弃大道呢？所以在天子即位、设置三公的时候，虽然有先奉上拱璧、后奉上驷马的献礼仪式，其实还不如把这个大道作为献礼。

古人重视这个大道的理由是什么？不正是有求于大道吗？不正是因为愿望都可得到满足、犯了罪都可以被赦免吗？于是大道就被天下人认为很尊贵。

【法译】

La Voie est pour tous les êtres comme l'angle sud-ouest de la maison. Elle est le trésor des hommes bons et le refuge de ceux qui ne sont pas bons.

Par de belles paroles, on peut aller au marché des honneurs; par de belles actions, on peut s'élever au-dessus des autres. Mais les moins bons d'entre les hommes, pourquoi faudrait-il les rejeter? Ainsi, quand un Fils du Ciel est institué et les Trois Ducs installés, bien qu'ils aient, en présents, tablettes de jade tenues à deux mains et précédées d'attelages de quatre chevaux, cela ne vaut pas l'offrande de qui se tient assis à sa place et progressant dans la Voie.

Pourquoi les Anciens estimaient-ils tant la Voie ? Ne disaient-ils pas: "Par elle, celui qui cherche trouve; par elle, le coupable se rachète"? C'est pour cela qu'elle est en si haute estime dans le monde.

【英译】

The *Dao* is for all beings as the southwest corner of the house. It is the treasure of good men and the refuge of those who are not good.

With fine words, one can go to the market of honors; by fine deeds, one can rise above others. But the least good among men, why should we reject them? Thus, when a Son of Heaven is instituted and the Three Dukes installed, although they have jade tablets held in both hands and preceded by teams of four horses, it is not worth the offering of him who sits in his place, progressing in the *Dao*.

Why did the ancients esteem the *Dao* so much? Did they not say: "By it, he who seeks finds; by it, the guilty redeems himself"? That is why it is held in such high esteem in the world.

【解意】

丹意默默，其心通达无形，其安身立命，其为人处世，皆合于天心。功成身退，我即无我，不负大道。丹意之说何等隐潜、幽微，此无价之宝更值得倍加珍惜。但没有领悟到丹意的人们，就容易过分执着于身外的功名而本末倒置。丹意和女性气质有某种天然的亲和力，母性的静柔本来就是丹意的彰显，也是老子始终推崇的态度。或许未来可以展望，中华道教的柔静智慧将救世界于文明冲突和文化对抗的困境之中。人只要体悟到大道丹意，顺应服从丹意的安排，则自然容易得到大道的保佑和眷顾，反之，如果被丹意抛弃，就会处处掣肘，为人处世难以称心如意。于是，人对大"道"的敬畏尊奉就特别重要。

丹意是言语难以表述的，可以从有生于无的状态当中体会，至虚而有至实，浩渺无垠，但又好像万物的奥秘都在这里面。心灵品质能够通达大道的人，自然能够领悟到丹意的宝贵，知道它值得珍藏。丹意凝聚在虚极静笃、无知无觉的时刻，丹意生成对应人体从后天口鼻呼吸转为真息，这种呼吸极为珍贵，是为炼丹之要，此刻用真意引导真息。

老子认为，悟道是人生第一等的大事，哪怕天子和三公这样的高官都珍重之，拱璧驷马那样华贵的东西都比不上大道贵重。金丹玉丹，都要借后天的精气神才能修成仙道，荣华富贵对于修仙可是一点用都没有。可见，学道人如果不悟虚无丹意之理，纵使炼精伏气，也跟凡夫没有什么区别。炼丹必须以丹意元神为主，元气为助神之用，以真呼吸为炼丹的桥梁。没有丹意元神，则丹道没有本根，若无元气则无丹助。既得元神元气，不得真正胎息，则神气不能团结一处，丹意就不能助之相合为一，进而返回到生生之初始面目。

第六十三章 天下大事 必作于细

【原文】

为无为，事无事，味无味。大小多少。报怨以德。

图难于其易，为大于其细。天下难事，必作于易；天下大事，必作于细。是以圣人终不为大，故能成其大。

夫轻诺必寡信，多易必多难。是以圣人犹难之，故终无难矣。

【中译】

要做那些别人没有觉察到，但你已经觉得应该做的工作；办那些还没有发生，但你已经觉得应该办的事情；觉知那些还没散发气息，但你已经觉得应该闻到的气味。这样做就是要把小的征兆看得很大，让少的状态逐渐增多，这是防微杜渐、未雨绸缪的因应方式。只要怀抱恩德之心，用施与恩德的做法去对待他人的怨恨，就可以在祸患开始之前加以防范。

解决难事，一定要从容易解决的地方去化解；成就大事，一定要从事情细微的部分开始做起。天下难事都从容易的地方发展起来，天下大事都从细小的部分开始积累形成。所以圣人始终不直接去干大事，才能够成就大功大业。

那些轻易许诺的人，一定很少能够信守承诺；那些把事情看得太容易的人，最后肯定要遭遇很多困难。于是连圣人都总把困难看得严重一些，因此终究没有什么真正困难的事情。

【法译】

Agir sans agir, faire sans faire, goûter sans goûter, voir du même œil le grand et le petit, le beaucoup et le peu, la récompense et le reproche: tel est l'effet de la Vertu.

Attaque le difficile par où il est facile; accomplis le grand par le petit. Dans le monde, les choses difficiles se font toujours en commençant par ce qui est petit. C'est pourquoi le Sage n'entreprend jamais rien de grand: il peut ainsi accomplir le grand.

Qui promet à la légère mérite peu de crédit. Qui trouve tout facile rencontrera certainement beaucoup de difficultés.

Le Sage tient tout pour difficile et ne rencontre à la fin aucune difficulté.

【英译】

To act without acting, to engage in affairs with no affairs, to taste without tasting, to see with the same eye the great and the small, the much and the little, the reward and the reproach: this is the effect of *de* (Virtue).

Attack the difficult where it is easy; accomplish the great by the minute. In the world, difficult things are always done starting with the small. That is why the Sage never undertakes anything great: he can thus accomplish the great.

He who promises lightly deserves little credit. Whoever finds everything easy will certainly encounter a lot of difficulties.

The Sage considers everything difficult and in the end encounters no difficulty.

【解意】

圣人的精神世界是丹意朗照的时空，知晓世间万物几微细小的变化，这样的丹意是人类主体性和创造性的最高表达。在改造世界的过程中，其历史主动性的力量几乎是超越一切科技产物的。道家的根本精神气质在丹意发用处彰显得最为充分。丹意生成需要有大信心，但是在丹意实体化的过程中，要时刻谨小慎微。丹意在处理世间事务时候，能够预先把握事物发展的方向，在刚刚起步的阶段，需要超乎寻常的耐心和坚持持守，静待事物的起步生发，并随时监控着事物发展的格局。这一点，能够避免人类实践行为中很多无用的耗费，以最小的投入获得圆满的成果。

越是对丹意有直接体验领悟的人，越会敬畏自然、敬畏法则，其慎重意识是一般人所不具备的。能够处理把控好的细枝末节，那么，百川汇流，终将形成汪洋之势，这是丹意始终贯通的自然之势。所以老子强调，天下大事必作于细，若慎终如始，则无败事。大道丹意为万事万物的活水源头，都是丹意的涓涓细流由易而难、自细而大的。古来圣人洞彻道有阶梯、学有渐进，不思远大之图，唯有在此时此地下功夫，涵养本源，如同水灌溉草木，自然悄然变化，臻于大美之境。圣人终不为大，故能成其大也。丹道学者，忌讳初起下手便望成就，心愈大，事越难，半途而废者太多。唯有本着"钉钉子"的精神，矢志不渝，渐渐难者也变得容易了。所以圣人修炼之始，虽从容易处下手，从细小处做起，但孜孜精进，此心无悔，顺从丹意，顺水推舟，行所无事无为，终无难事。

第六十四章

慎终如始　则无败事

【原文】

其安易持，其未兆易谋；其脆易泮，其微易散。为之于未有，治之于未乱。

合抱之木，生于毫末；九层之台，起于累土；千里之行，始于足下。

为者败之，执者失之。是以圣人无为故无败，无执故无失。

民之从事，常于几成而败之。慎终如始，则无败事。是以圣人欲不欲，不贵难得之货；学不学，复众人之所过；以辅万物之自然而不敢为。

【中译】

局面安定的时候容易维持，事情还没出现征兆的时候容易谋划；事物还处于脆弱阶段时，容易被破坏；事物微弱时，容易消解分散。可见处理事情，要在它发生之前就未雨绸缪；治理国政，要在祸乱产生以前就先加以控制。

合抱的大树都从细小的萌芽生长起来，九层的高台都由一筐筐泥土筑起，千里的远行肯定要从脚下一步步开始。

所以用私心去强行作为，最后一定会失败；过分执着的，一定会遭受损失。因此得道的圣人无所作为，于是就不会失败；无所执着，于是就不会遭受损失。

人们做事情的时候，往往容易在快要成功时失败，如果事情快要完成的时候，也能够像开始时那样谨慎小心，那就不容易失败了。因此，圣人追求众人所不欲求得到的道，不看重难以得到的货财；学习众人所不愿学习的道，就可以以此矫正众人的过失，进而复归自然正道；这样一来，得道圣人辅助顺应万物的自然本性，不敢强行有所作为。

【法译】

Ce qui est tranquille est facile à maintenir. Ce qui n'a pas encore surgi est aisé à prévenir. Ce qui est fragile est facile à rompre. Ce qui est ténu est facile à disperser. Prends des mesures avant qu'adviennent les choses; établis l'ordre avant qu'il y ait désordre.

Un arbre que les deux bras ont peine à embrasser est né d'une radicule fine comme un cheveu; une tour de neuf étages s'élève d'un tas de terre; un voyage de mille lieus a débuté par un pas.

Qui agit abîme. Qui retient perd. Le Sage n'agit pas et ainsi il n'abîme rien; il ne retient rien et ainsi il ne perd rien.

Souvent un homme, en gérant son affaire, l'abîme lorsqu'il est près de réussir. Maintiens jusqu'au bout la circonspection du commencement; alors aucune affaire ne sera abîmée.

C'est pourquoi le Sage désire le non-désir, et n'attache aucun prix aux biens difficiles à acquérir. Il apprend à désapprendre et retourne au point où les hommes ne savent pas se tenir. Ainsi il favorise le cours naturel de tous les êtres, sans oser agir sur eux.

【英译】

What is quiet is easy to maintain. What has not yet arisen is easy to prevent. What is fragile is easy to break. What is tenuous is easy to disperse. Take action before anything is; establish order before there was disorder.

A tree whose branches can hardly embrace is born from a radicle as thin as a hair; a tower of nine stories rises from a heap of earth; a journey of a thousand miles begins with a step.

Whoever acts is ruined. He who retains loses. The Sage does not act and thus he does not damage anything; he retains nothing and thus loses nothing.

Often a man, in managing his business, damages it when he is close to success. Maintain to the end the circumspection of the beginning; then no business will be damaged.

Therefore the Sage desires non-desire, and attaches no value to goods that are difficult to acquire. He learns to unlearn and returns to the point where men do not know how to stand. Thus he favors the natural course of all beings, without daring to act upon them.

【解意】

细数人间事业，困难是常态。其根源就是，人们在面临每一件事情时，在谋划、实施每一项事业时，没有先进入道的先天丹意状态，就没有先去契合事物的本来面目，没有调动虚无世界的更大助力，所以会遭遇无数的艰难险阻。一旦神思妙想叠加丹意，完美的实施方案就会呈现。在未兆微几的状态，要时刻保守住心思的丹意生发。如果固执己见、矜持自是，终将无功而返，得不偿失。不忘初心就是因为丹意往往在初心、初始最容易体悟，一旦走上正轨，人们往往就会失去最初的耐心和谨慎，事业在快要成功的时候可能毁于一旦。所谓忘乎所以，就是在此过程中，人性的阴暗面渐渐占据主导，遮蔽了丹意的灵光。圣人本身就是丹意的化身，其治身治国皆以丹意引导，随时警惕心念和行为是否偏差，不合丹意。圣人参赞天地，辅佐天道之行，随顺丹意而成事，丝毫不敢掺杂私意于身国的各种场域和情势，其丹意之道一以贯之，其丹心之境一以摄之。

修身之道，克制人心人欲是最难的课题。如果能够遏制欲望在未生之时，治理起来就更容易一些，治理已发已然的状态就要难得多。故老子说："其安易持，其未兆易谋。"可以理解为，人在闲居独处的时候，心不役于事，事不扰于心，寂然不动，安然其所，则持己守身更容易。君子防患于未然，顺通丹意，主动在将动未动的时刻审查机心，所以能够时刻让私意离开，如烟消云散，从而荆棘不生。这也就是丹道炼己的功夫，若想修成九转还丹，难以找到速成捷径。九层之台，起步于累土，都需要足下一步一趋，由近及远，才可能行至大道。所以炼丹之人不求速效，不计近功，要心志不磨，哪怕春秋有变，也要精进不变，由小而大，自卑而高，从近及远，正好比合抱之木、千里之行，都需要一个漫长的过程，才可能终于蔚然大观于天下。

第六十五章 常知稽式 是谓玄德

【原文】

古之善为道者，非以明民，将以愚之。

民之难治，以其智多。故以智治国，国之贼；不以智治国，国之福。

知此两者，亦稽式。常知稽式，是谓玄德。① 玄德深矣，远矣，与物反矣，然后乃至大顺。

【中译】

古代善于推行大道的人，不用大道来教导人民如何精明智巧，而是用大道来教导人民淳朴敦厚。

人民之所以难于统治管理，是因为他们的智巧和诡诈太多。因此用精明和智巧去治理国家，对国家是祸害；不用精明和智巧去治理国家，对国家才是福气。

得道的人懂得这两种治国模式有差别，于是就明白了治国的法式。推行大道的人总是处于明白觉知治国法式的状态，于是能够领悟幽深玄妙的"德"。幽深玄妙的大"德"是多么深不可测、远不可及啊，要和顺万物，一起复归到真朴状态，然后就能实现与大道和顺的境界。

【法译】

Ceux des Anciens qui savaient pratiquer la Voie ne l'employaient pas pour éclairer le peuple, mais pour le laisser dans l'ignorance.

Le peuple est difficile à gouverner quand il a trop de savoir. Celui qui se sert de l'instruction pour gouverner un pays est un fléau pour ce pays. Celui qui gouverne un pays sans l'aide de l'instruction est un bienfait pour ce pays.

Connaître ces deux choses, c'est connaître la Règle de la Conduite. S'en tenir toujours à cette Règle, cela s'appelle la Vertu Obscure. La Vertu Obscure

---

① 稽式是指模式、法式、法则，意为标准，陈汉生译为"enshrine models"。陈汉生将"玄德"译成"unfathomable virtuosity"（*Daodejing: On the Art of Harmony*, New York: Shelter Harbor Press, 2017, p. 171.）。法译为"c'est connaître la Règle de conduite"（这就是了解行为规则）。

est profonde et ample. Elle va à rebours des choses; mais, à la fin, elle produit la Grande Conformité.

【英译】

Those of the ancients who knew how to practice the *Dao* did not use it to enlighten the people, but to leave them in ignorance.

The people are difficult to govern when they have too much knowledge. Whoever uses education to govern a country is a scourge for that country. He who governs a country without the aid of education is a benefit to that country.

To know these two things is to know the Rule of Conduct. Always stick to this Rule is called Dark Virtue. Dark Virtue is deep and ample. It goes against the grain of things; but, in the end, it produces the Great Conformity.

【解意】

善于推行大道的人，总是善于顺应丹意治国理政，高度重视民众是否通达丹意的自然心理状态。人心就是江山，这是说民众一般难以驾驭，尤其难以领悟丹意的高妙心境。民众通常来说难以领悟先天丹意，于是就会层出不穷地发明各种技术、计谋，这就进一步加重了混乱狭隘的心思。老子的政治哲学，对于今日科学主义和权术盛行的风气，具有特别的启示意义。大众的心思一旦混乱，就远离淳朴天真的丹意，就会导致政治局面的无序失控，各种潜在的安全风险就会以难以预料的方式展开。自古以来的圣人，都以天道自然丹意治理天下，与民相伴以道，与民相化于道，浑浑默然，同归清静的自然情境。耕田凿井，日出而作，日入而息。民众虽然忘记统治者的权威，但会顺从统治者的自然丹意，似乎无知无识。至于后世，士大夫崇尚智巧和聪明，导致机心频生，人心败坏，贪心日甚，风俗愈发远离自然丹意。

道学文化对现代社会的启示，很关键的一点是天人合一、回归自然的生态智慧。现代化建设中，很多国家出现了严重的生态破坏和环境污染问题。当前，解决问题需要重视道学的生态智慧。道学主张天地与我为一，万物与我并生，这和培根以科技征服自然的观念是不同的。人类应该是大自然的朋友，同大自然和谐相处，才不会招致大自然的报复。如今，绿水青山就是金山银山的经济生态理念深入人心，人与自然和谐共生的新气象遍及神州大地。人不负自然，自然丹意定会厚待人类。

第六十六章

以其不争　莫能与争

【原文】

江海所以能为百谷王者，以其善下之，故能为百谷王。

是以圣人欲上民，必以言下之；欲先民，必以身后之。

是以圣人处上而民不重，处前而民不害。是以天下乐推而不厌。①

以其不争，故天下莫能与之争。

【中译】

江海之所以能够成为百川交汇的地方，是因为它善于处在所有河流的下方，所以能够成为百川交汇的地方。

因此，圣人想要处在人民之上，就必须对人民言辞谦下；想要处在人民之前，就必须退让到人民之后。

所以圣人虽然处在人民之上，但人民并不觉得他是负累；虽然处在人民之前，但人民并不觉得他有妨害。于是天下人民都乐意拥戴他，而且不会嫌弃他。

这是因为他不与人民争权夺利，所以天下就没有人能够再和他相争。

【法译】

Si les Fleuves et la Mer peuvent être rois des cent vallées, c'est qu'ils savent se tenir dans la position la plus basse. C'est ainsi qu'ils peuvent être rois des cent vallées.

De même, si le Sage veut être au-dessus du peuple, il lui faut se mettre au-dessous en paroles. S'il veut se tenir en tête du peuple, il lui faut se mettre personnellement en retrait.

Ainsi le Sage est au-dessus du peuple, et le peuple ne sent pas son poids. Il est à la première place, et les gens n'en sont pas blessés. C'est pourquoi Tous-sous-le-Ciel le poussent volontiers en tête, et de lui ne se lassent pas.

---

① 重是累、不堪重负；刘殿爵译为"burden"（*Lao Tzu: Tao Te Ching*, London: Penguin, 1963.）较贴切。乐推是因为圣人虚怀若谷，无为而治，虽处在上位，但不妨害百姓，所以百姓觉得没有什么负担。法译为"C'est pourquoi Tous-sous-le-Ciel le poussent volontiers en tête, et de lui ne se lassent pas"（这是为什么天下甘愿以他为首，不厌倦他）。

Parce qu'il ne lutte pas, personne au monde ne peut rivaliser avec lui.

【英译】

If the Rivers and the Sea can be kings of the hundred valleys, it is because they know how to stand in the lowest position. This is how they can be kings of the hundred valleys.

In the same way, if the Wise man wishes to be above the people, he must place himself below in words. If he wants to stand at the head of the people, he must personally take a step back.

Thus the Sage is above the people, and the people do not feel his weight. He is in first place, and people are not hurt by it. That is why All-under Heaven willingly push him to the front, and do not tire of him.

Because he does not struggle, no one in the world can compete with him.

【解意】

内涵丹意的人在日常世务的应对中，在待人接物之时，很自然地展现出谦恭卑下的姿态，之所以成为百川之王者，就是因为谦虚柔顺。圣人总是时刻率性，以丹意而动，民众并不会感受到他的权威和来自权力的压力，作为人民的领袖但并没有妨碍人民，体现出人民就是江山。领导人的血脉根基都深深扎根于人民之中，其丹意的生成现实土壤，恰恰是人民的利益，人民的急难愁盼正是领袖丹意运作和闪光之处。丹意以百姓之心为心，我将无我，没有私心杂念，故而人民很容易感应、感动而归顺。所以，圣君总是把自己的利益放在人民利益之后，才能走到人民之前引领之，具有丹意之心的领袖是人民由衷推举来到人民之前的。道家认为，这是一种全天下最合理的民主形式，是人民以自己的心意成就圣君伟大的业绩，二者并不是主从关系，而是在共筑和谐共生共长的丹意场域，这是顺应天然、自然而然的政治生态。丹意主导的身体与国家，都会达到一种前所未有的中和之道，这是任何一种利益立场的哲学都不能阐明的大圆满，也是一种真正让人民居前的人民观。

炼丹之学，下手当以丹意神火下照入丹田，然后火蒸水沸，水底金生，长生之药从自然丹意顺应生成。人类从母胎降生之后，每个人都受到气质拘限，也受到物欲的遮蔽，使得于天的先天元炁散漫在后天身体的有形物质之中，以致长时间都不能汇聚一处。今欲炼丹，就要攒簇五行，和合四象，会于中宫，归于玄窍。顺应丹意，要求修丹者必须万缘放下，一心不起，垂帘塞兑，以目视鼻，由鼻对脐，降心火于丹田，只需要一会儿工夫，就可以打开玄关一窍，体验到一阳来复，周身之气自然齐集丹田，融融泄泄，乐不可名。就人类身心体证来说，丹意之心是至大至真的存在，四肢百骸都从属其低位。修道者也应当以下为本，以贱为基，而不可以自处高贵，要随时随地谦卑待人，如此方能成就高远。

第六十七章 天将救之 以慈卫之

【原文】

天下皆谓我"道"大，似不肖。夫唯大，故似不肖。若肖，久矣其细也夫！

我有三宝，持而保之：①一曰慈，二曰俭，三曰不敢为天下先。慈，故能勇；俭，故能广；不敢为天下先，故能成器长。今舍慈且勇，舍俭且广，舍后且先，死矣！

夫慈，以战则胜，以守则固。天将救之，以慈卫之。

【中译】

天下人都说，我推崇的大道是大而无当的，似乎跟什么都不像。其实，正因为道很大，所以才没有什么具体事物可以跟道相比。如果道像某一具体事物的话，那么大道早就变成微不足道的东西了。

我有三件法宝，你们要小心执守而且保全它：首先是慈爱，其次是俭啬，第三是不敢跟天下人争先。因为慈爱人民，所以我才能勇往直前；因为我俭啬以蓄精积德，所以才能推广大方；因为我不敢跟天下人争先，所以我才能得到人民的拥戴，并成为万物之长。今天，如果你舍弃慈爱去勇往直前，舍弃俭啬去推广大方，舍弃退让去力求争先，你就是走在通往死亡的路上。

三宝之中，慈爱为本，因为用慈爱之心来征战，就能够收获胜利；用来防守，就能够巩固成果。每当天想要救助一个人，就会赋予他慈爱的德性，那么他就好像得到了天的佑护。

【法译】

Tous sous le Ciel disent que ma Voie est grande et est hors de toute ressemblance. Mais c'est parce qu'elle est grande qu'elle est hors de toute ressemblance. Si elle ressemblait à une autre, il y a longtemps qu'elle serait devenue petite.

---

① 三宝是指三件法宝或三条原则。"宝"直译为"treasures"，张钟元译为"essentials that I value and maintain"（*Tao: A New Way of Thinking. A Translation of Tao Te Ching*, New York, 1975.），贴合原意。俭：啬，保守，有而不尽用。法译为"J'ai trois trésors, que je possède et garde"（我有三件珍宝，我拥有并保管它）。

J'ai trois trésors, que je possède et garde: Le premier s'appelle amour paternel, le second s'appelle sobriété, le troisième s'appelle «ne pas mettre en avant. Ayant un amour de père, je puis être courageux; ayant de la sobriété, je puis être large; n'osant pas me mettre en avant, je puis devenir le chef de tous les dignitaires. De nos jours, on veut être courageux sans un amour de père, large sans sobriété, chef sans refus de se mettre en avant. C'est là vouloir mourir.

Qui combat avec un amour de père triomphe: qui se défend avec un amour de père est inébranlable. Le Ciel l'aide et, avec un amour de père, le protège.

【英译】

All under Heaven say that My *Dao* is great and is beyond all resemblance. But it is because it is great that it is beyond all resemblance. If it looked like any other, it would have become... small.

I have three treasures, which I possess and keep: The first is called paternal love, the second is called frugality, the third is called: not daring to put oneself forward. Having the love of a father, I can be courageous; having frugality, I can be generous; not daring to put myself forward in the world, I can become the leader of all the dignitaries. Nowadays, people want to be courageous without the love of a father, generous without frugality, and a leader without refusing to put themselves forward. This is wanting to die.

He who fights with the love of a father triumphs: he who defends himself with the love of a father is unshakeable. Heaven helps him and, with the love of a father, protects him.

【解意】

经过丹意灌注浸润的心灵，自然会生发出对万物的慈爱与温暖，体验到民胞物与、万物一体的境界，达到心意通天、天地人助、畅通无阻的局面。这是因为丹意具有真爱的力量，本能般的孝慈能够实现天地人物无有间隔的信息感应，这是丹意的天然呼应，是一种超越血缘亲情的博大之爱。丹意凝结在具体事物上，但丹意并非某种具体质化的事物，不然，就失去了道的最高本源性创生力。

素朴是万物存在最大公约数的方式，简易是主导物质世界、精神世界运动变化的初始值，看似居于最低端的简约，其实必须内蕴在一切生成的链条和价值终端，如此则能够致广大精微，成为百川之王。内丹在修炼过程中，需要保持一片恬淡之志、谦和之心，就不会有倾丹倒鼎、汞走铅飞的风险。修丹要诀以丹意灵觉为道之体、冲和恬淡为道之用。修丹之人在日常生活中，时时处处不敢为天下先，保持谦虚谨慎的应世态度。慈爱丹意可以自然触发人内在的良知良能。丹意之心境能护佑万物，立万物之命，其心愿何等宏大！

第六十八章

不争之德　用人之力

【原文】

善为士者，不武；善战者，不怒；善胜敌者，不与；① 善用人者，为之下。是谓不争之德，是谓用人之力，是谓配天，古之极也。

【中译】

善于做将帅的人不会好勇斗狠；善于领兵打仗的人不会轻易发怒；善于克敌制胜的人不与敌人正面冲突；善于用人的人对人态度谦逊卑下。

这就叫作不与人争的大德，这也是运用他人力量的方法，这也叫作符合天道自然的法则，这已经是自古以来用兵的终极法则。

【法译】

Bon capitaine n'est pas belliqueux. Bon soldat n'a pas de courroux. Bon vainqueur n'a pas d'ennemi. Bon meneur d'hommes se met au-dessous d'eux.

C'est là la Vertu de non-rivalité. C'est là la force dans la conduite des hommes. C'est là le comble de la fidélité au Ciel.

【英译】

A good leader of soldiers is not belligerent. A good fighter has no wrath. A good conqueror of the enemy does not confront him. A good man of men places himself below them.

This is the Virtue of non-rivalry. This is the strength in the handling of men. This is the height of conformity to Heaven.

---

① "善为士者"是善作将帅的人。"不与"是通过不正面冲突而胜，如 Arthur Waley 译作 "the greatest conqueror wins without joining issue"（*The Way and Its Power, A Study of the Tao Te Ching and Its Place in Chinese Thought*, Grove Press, 1934, 1958.）。得道之人，长期领受和修持"道"，道体充盈，身有德光，意念含敛内守，发动时却能穿透物事，能够化解情境中对手的锋芒。法译为 "Bon chef de soldats n'est pas belliqueux."（好的将帅不要战）。

【解意】

丹意自然内蕴的终极取向是生命与身心的健康，这是天地之间生物生生气象的核心取向，是超越世俗多元需求的第一需求。本章揭示了丹意回避各类冲突与危机的途径。丹意发动自然，可以汇入天地之和，接通宇宙之心，成就超越现实矛盾的大功勋。保守丹意者，即便此时此地困难重重，但天降大任于斯人，困难越多，其提纯的丹意就越精粹，一俟时机来到，自然可以实现宇宙在手、万化随心的境界，入则成就丹身，出则成就事业。

明白晓畅丹意天机者，自会在各类情景中做出最为妥当的选择，而不会埋下隐患。明白丹意者，尽量不把自己置于险境之中，而能够努力趋利避害，逢凶化吉。所以，秉承丹意用人，人无怨言而欣然接受；秉承丹意用兵，自会避开敌人的锋芒。在这个意义上，丹意可以说是一种无神之神，无器之大器，看起来似乎无力，但攻坚者莫不取胜。

第六十九章 抗兵相若 哀者胜矣

【原文】

用兵有言:"吾不敢为主,而为客;不敢进寸,而退尺。"

是谓行无行,攘无臂,扔无敌,执无兵。

祸莫大于轻敌,轻敌几丧吾宝。①

故抗兵相若,哀者胜矣。

【中译】

之前的兵法家曾说:"我不敢主动挑起战端、用兵打仗,而宁愿被迫应战、后发制人;我不敢轻进一寸,而宁愿退避一尺。"

这就叫作虽然摆开战阵却不发动攻击,好像战事没有开启一般;虽然挥动手臂却不先动手,好像没有手臂可举一般;虽然面对敌人却无意为敌,好像没有敌人可打一般;虽然手握兵器,却好像没有拿着兵器一样。

祸患没有比既轻视敌人又轻易与人为敌更大的了。如果轻易跟人为敌,那就几乎就要把我给你的"不争"的法宝都丧失殆尽。

因此两军势均力敌的时候,被迫应战的哀伤的士兵,因为重视对手,反而容易获得胜利。

【法译】

Un axiome de tactique militaire: Je n'ose pas être le maître; je préfère être l'invité. Je n'ose pas avancer d'un pouce; je préfère reculer d'un pied.

C'est ce qu'on appelle: marcher sans bouger; rejeter sans armes; rejeter sans confrontation; détenir des armes sans être armé.

Il n'y a pas de plus grand danger que de sous-estimer l'adversaire. C'est sous-estimer de perdre ses trésors.

---

① "轻敌"是指不轻易挑起战端,因轻敌容易失败,而失败就会丢失三宝,因此将张钟元(1975)译"engage in war lightly"和刘殿爵译"take on an enemy too easily"(*Tao Te Ching*, London: Penguin, 1963.)结合起来看比较全面。法译为"Il n'y a pas de plus grand danger que de sous-estimer l'adversaire"(没有比低估对手更大的危险了)。

Lorsque s'affrontent deux armées adverses, l'homme au cœur compatissant aura la victoire.

【英译】

An axiom of military tactics: "I dare not be the master; I prefer to be the guest. I dare not advance an inch; I would rather retreat a foot."

This is what is called: walking without moving; rejecting without arms; discarding without confrontation; holding weapons without being armed.

There is no greater danger than underestimating the opponent. Underestimating is tantamount to lose one's treasures.

When two opposing armies face each other, the man with a compassionate heart will have victory.

【解意】

老子接连几章都在集中阐释战争与用兵的宜忌。被迫应战的哀兵往往更容易获得胜利，是因为己方驱离丹意的乖戾躁狂之气没有升腾起来，头脑仍然保持清醒，就不会轻易发动战争。在激烈的战斗状态下，丹意在阵地布下了无形的天罗地网，对方的狂妄暴虐和战斗力随时消解在悲痛伴生的丹意的无形武力之中，这就是古今很多战争结果让人们感到不可思议的原因。两兵交战，除了高端武器和兵法的运用，似乎有更深的左右战局成败的关键：一股气势与军魂。这才是源源不断的无形武力，才是老天护佑的根据。

所以，凡是以为靠先进武器就可以获得战争胜利的用兵理论都要重新检讨，或可逞强于一时，但是决定战争最终结局的未必是有模有样的物态装备。发动战争的一方，如果不能以德配天，那么很可能要面临悲惨的败局。即便是正义之师，也要时时保持敬畏。即使掌握绝密杀器，也要若有若无，不可以叫嚣，用战争的残暴之心驱离丹意。所谓国之利器，不可示人，可以谆谆告诫，以警示对方。丹意与慈悲爱心孪生，其潜在的战斗力不可估量。哪怕应对敌强我弱、敌众我寡的战局，获胜的机密也在这里。

第七十章

知我者希　则我者贵

【原文】

吾言甚易知，甚易行。① 天下莫能知，莫能行。

言有宗，事有君。夫唯无知，是以不我知。

知我者希，则我者贵。是以圣人被褐怀玉。

【中译】

我的言论都很容易理解，也很容易践行。可天下居然没人能理解，又没人愿意照着去做。

言论要以自然意丹为宗旨，行事要以无心顺化为根据。正是由于人们不理解大道，所以大家没法理解我。

能理解我的人实在很稀少，能取法我的人就更加难能可贵。所以圣人不得不穿粗布衣服，混同尘俗；怀揣美玉，内守其真。

【法译】

Mes paroles sont très faciles à comprendre et très faciles à pratiquer. Cependant, il n'y a personne dans le monde qui puisse les comprendre et les pratiquer.

Mes paroles ont un Ancêtre; mes méthodes ont un Maître. Parce qu'on ne les comprend pas, on ne me comprend pas.

Ceux qui me comprennent sont rares. Je n'en suis que plus estimé. Le Sage, sous des vêtements grossiers, porte un joyau en son sein.

【英译】

My words are very easy to understand and very easy to practice. However, there is no one in the world who can understand and practice them.

My words have an ancestor; my methods have a Master. Because they do not

---

① "吾言"即"道言"（daoing），在道之言，"以道观之"那种从道而出的言说（dao-speaking）。对掌权者来说，有道之言犹如光明坦途，容易知道了解，也容易践行。法译为"Mes paroles sont très faciles à comprendre et très faciles à pratiquer"（道言很容易理解，也很容易练习）。

understand *Dao*, they do not understand me.

Those who understand me are rare. I am all the more esteemed for it. The Sage, under clothes of coarse material, wears a jewel in his bosom.

【解意】

能够体悟到本来丹意的人是非常稀少的，一般人的心灵层次和悟性很难了解丹意的真实涵义，能够运用丹意去行动的人更是难能可贵。通达丹意的圣人，其外表朴实无华，但是心心念念皆落在丹意之境，如同怀抱美玉而心安理得。其实，丹意直截了当，就在眼前，就在无心之心头，无意之意端，似乎如如不动，于是天下人对此基本都无动于衷，容易舍此逐彼。如果大家对本来的丹意不能领会，那么对于作者的阐述也就不会有所触动。如果不懂丹意，也就不能理解经典的涵义。

第七十一章

以其病病　是以不病

【原文】

知不知，上；不知知，病。①

夫唯病病②，是以不病。

圣人不病，以其病病，是以不病。

【中译】

知道大道，但还认为自己有所不知，这其实是最高明的；不知道大道却自以为知道大道的，才是求知的弊病。

人们只有把自以为悟知大道的弊病当作弊病，所以才能没有弊病。

圣人之所以没有弊病，那是因为他把求知的弊病当弊病，所以才能没有弊病。

【法译】

Savoir et penser qu'on ne sait pas est excellent. Ne pas savoir et penser qu'on sait est maladif.

Ce n'est qu'en reconnaissant la maladie comme maladie, qu'on s'exempte de la maladie.

Le Sage s'exempte de la maladie parce qu'il reconnaît la maladie comme maladie. De là vient qu'il s'exempte de la maladie.

【英译】

To know and think that one does not know is excellence. Not knowing and thinking that one knows is a disease.

It is only by recognizing sickness as a disease that one can exempt oneself from sickness.

---

① "不知知"是不知"道"却自以为知"道"，自以为是的"知"是真病，有点类似苏格拉底的说法，如林振述（Paul J. Lin, 1977）译为"He who does not know but pretends to know is sick"。"无知"便是道，自然本身就是混沌无知的。法译为"Ne pas savoir et penser qu'on sait est maladie"（不知道和认为自己知道是一种疾病）。

② "病病"是把（不知道的）病当作毛病（who recognizes sick-minded as sick-minded）。

The Sage exempts himself from sickness because he recognizes sickness as sickness. Hence he exempts himself from sickness.

【解意】

　　了知自己对于自然丹意知之甚少，本身已经具备了很高的智慧，如果一个人不知道自己有自然丹意这样的心灵层次，而自以为是地把自己的聪明当成终极智慧，这其实相当于心灵有了疾患，因为其灵性的闸门没有开启，还处于暗无天日的洞穴之中，却浑然不觉。有些人虽然还没有体悟到丹意的自然真相，但如果已能意识到个体经验和知识的有限性、边界性，从而知道要为一个超越自身的丹意境界保留地盘，意识到丹意不在有限的思虑范围之内，而且不能刻意为之，无法专门去设立一个体悟的情境，等等，这就已经是一种心灵层次极大进步的表现。关于丹意的任何知识性解读和具象性探索都是徒劳无益的，一个致力于修道的人，如果不革除这种弊病，将成为其体悟大道丹意的阻碍。

第七十二章

民不畏威　则大威至

【原文】

民不畏威，则大威至。

无狎其所居，无厌其所生。夫唯不厌，是以不厌。①

是以圣人自知不自见，自爱不自贵。故去彼取此。

【中译】

当人民不再畏惧统治者的威迫之时，真正的威胁就随之而来。

不要搅扰人民的日常生活，迫使他们不得安居，不要阻塞人民的谋生之路，使人民不得安生。只有统治者不去压迫人民，人民才不会厌恶统治者。

因此圣人不但对大道要有自知之明，而且也不可以自我显耀；不但要有自我收敛之心，而且也不可以自以为高贵。所以要舍弃后者（自我表现、自认尊贵、陷民于不安），而保持前者（觉知大道、自我收敛、无为处下）。

【法译】

Quand le peuple ne craint pas l'autorité, une autorité plus grand en résulte.

N'enferme pas le peuple dans ses demeures; ne le lasse pas en taxant ses moyens de subsistance. Si tu ne le lasses pas, il ne se lassera pas de toi.

Le sage se connaît, mais ne s'exhibe pas. Il s'aime, mais ne s'estime pas. C'est pourquoi, il rejette cela, prend ceci.

【英译】

When the people do not fear authority, greater authority results.

Do not shut the people into their dwellings; do not tire them by taxing their means

---

① 第一个"不厌"指不压迫人民，一说通"压"，压迫（黄克剑：《老子疏解》，中华书局，2017年，第666页）。第二个"不厌"的"厌"指人民对统治者的厌恶进而反抗斗争。较为合适的英译如"And for the very reason that you do not harass them. They will cease to turn from you"（Arthur Waley, *The Way and Its Power, A Study of the Tao Te Ching and Its Place in Chinese Thought*, Grove Press, 1934, 1958.）。法译为"Si tu ne le lasses pas, il ne se lassera pas de toi"（只要你不放弃人们，人们就不会放弃你）。

of subsistence. If you do not tire them, he will not tire of you.

The wise man knows himself, but does not exhibit himself. He loves himself, but does not esteem himself. This is why he rejects that, and takes this.

【解意】

把丹意运用在治国理政方面，一旦君主领悟到自然丹意，民众就容易敬畏、崇敬、顺从他。各安其位的民众很少敢于犯上作乱、悖逆越位，否则就是没有敬畏意识，对丹意无感。人在自然丹意面前，如果相互争夺，就会受到天道丹意的反制裁，所以君主要比较敏感地识别民众是否顺应了自己的自然丹意，随时关注自己是否通达丹意，也要随时关注民众的各种思潮，和民众表达诉求的声音，这样才能保留对人民众志成城的敬畏。

统治者要以战战兢兢、如临深渊、如履薄冰的态度去面对人民，当人民不再畏惧统治者的威迫时，真正的威胁就随时可能出现了。这样的谦虚谨慎心态可以让丹意的鉴照时刻覆盖心意全景。一旦君主通晓自然丹意，出于对自然丹意的敬畏，会自觉地保持谦恭自抑的态度，不会轻易彰显炫耀自己的丹意智慧。在民众与领袖的辩证统一关系中，培养教育人民是一个重要方面，培养人民对无上丹意的敬畏感和维护意识，不然人民很容易变成一盘散沙或违法乱纪的乌合之众。因为当人民的日常生活受到搅扰，不得安居，无法谋生时，统治者对人民的压迫很快就会转变成人民对统治者的厌恶和反压迫。圣人通达丹意，保持对大道"反者道之动"的敏感，对自己的言行时刻都有自知之明，知道自我收敛和克制。

第七十三章 天网恢恢 疏而不失

【原文】

勇于敢则杀，勇于不敢则活。此两者，或利或害。天之所恶，孰知其故？是以圣人犹难之。

天之道：不争而善胜，不言而善应，不召而自来，繟然而善谋。天网恢恢①，疏而不失②。

【中译】

依法治国、主张严刑峻法的统治者敢于大胆动用刑罚杀人，主张宽容利世的统治者倾向于放人生路。这两种做法都既有利也有害。天道会认为这两种做法都不太好，可谁知道其中有什么缘故？因此连圣人都很难办。

但用天道治国有好处，在于：不去争斗就能顺利取胜，不用言说就能得到很多人响应，不用发出召唤就能让万物自然归顺，宽缓无心、无思无虑却善于妥善谋划。天道的罗网多么广大无边啊，网眼虽然宽大稀疏，可是什么都不会遗漏丢失。

【法译】

La valeur accompagnée d'arrogance conduit à la mort. La valeur sans arrogance conduit à la vie. De ces deux manières d'agir, l'une sauve, l'autre nuit. Lorsque le Ciel hait, qui en sait le pourquoi? Le Sage même est embarrassé pour répondre.

La Voie du Ciel: ne pas lutter et pourtant vaincre; ne pas parler et pourtant donner la bonne réponse; ne pas appeler et pourtant faire venir; être nonchalant et pourtant

---

① "天网恢恢"指天道囊括一切，没有天道不能包含的内容。英译中，张钟元的译文"the net of naure is all-embracing"（*Tao: A New Way of Thinking. A Translation of Tao Te Ching*, New York, 1975.）较合原意。天道丹意宏大宽疏，无形无相，有形之物与无形之思显现于万物之中。这里"天网"当指天地丹意的感通之网遍及所有。法译为"Le filet du Ciel est ample et a de larges mailles"（天空的网宽广，网格大）。

② "疏而不失"是指，虽然天道之网，网眼宽疏但什么都不会漏失。天网无形无状，自然而然，万物皆属于道，都在天网之中，就是圣人也难于把握，不是不会把握，而是不去把握一切顺万物生生的丹意。法译为"il ne laisse rien s'échapper"（他不让任何东西逃脱）。

mûrir d'habiles projets. Le filet du Ciel est ample et a de larges mailles; pourtant, il ne laisse rien s'échapper.

【英译】

Valour with audacity leads to death. Valour without boldness leads to life. Of these two ways of acting, one saves, the other harms. When Heaven hates, who knows why? Even the Sage is at a loss to answer.

The *Dao* of Heaven: not to fight and yet to win; not to speak and yet give the right answer; not to call and yet cause things to arrive; to be nonchalant and yet to appropriately set about one's designs. The net of Heaven is ample and has large meshes; however, it does not let anything escape.

【解意】

天道丹意有着平实自然却又不可思议的力量：在世俗事务上，越是不去与人争斗的人，越容易获得事业的成功，越是斤斤计较者，越是所获甚微。不故意去感应的自然丹意，反而有着极其敏锐的感应力量。天地之间好像有一张无形无象的信息互联网，天道自然丹意有着巨大的感应招摄能力。看起来网眼硕大稀疏，其实万物感应的痕迹是那么的不着边际却处处精准，不以山海为远，不以日月为限，千里共婵娟。

合于丹意的得道者同于道，一起游步太虚，随感随应，丝毫不爽。所谓举头三尺，即是神明，这就是天道丹意随时临鉴巡检，纤毫之间，无法逃遁，这是天网恢恢疏而不漏的真意。社会各个层次的管理者和行政官员，对民众有生杀予夺之权威，更需要随时检讨，需要反思自己的根本意识形态和世界观，甚至要有革命性的觉悟并践行。丹意的发用，其前提是人心已经知道收敛退隐，领悟丹意虽然不言不思但可以感应无边，映照自己的言行举止。如果个体机关算尽，其实已经潜伏了失败和放弃的因素，这是试图顺应丹意的得道者力图避免的。

第七十四章

民不畏死　何以惧死

【原文】

民不畏死，奈何以死惧之？若使民常畏死，而为奇者，吾得执而杀之，孰敢？

常有司杀者①杀。夫代司杀者杀，是谓代大匠斫。夫代大匠斫，希有不伤其手矣。

【中译】

如果人民连被处死都不再害怕，那么君王用死亡来恐吓他们，还能有什么用呢？如果君王能够让人民真的害怕被处死，那些为非作歹的人，君王就应该把他们都抓来杀掉。那样谁还敢继续为非作歹呢？

天行有常道去主管兴替杀伐的分寸和尺度。君王如果代替主管刑杀的天道去杀人，那就好像代替技艺超凡的木匠去砍削木头，代替技艺高超的木匠去砍削木头的人，很少能够不把自己的手砍伤。

【法译】

Quand le peuple ne craint pas la mort, comment l'effrayer par la peine capitale? Qui osera faire en sorte que le peuple craigne constamment la mort et que ceux qui commettent des actions monstrueuses soient capturés et mis à mort?

Il y a, pour tuer, celui qui a fonction de tuer. Se substituer à celui qui a la fonction de tuer, c'est comme se substituer au charpentier pour manier la hache. Celui qui veut manier la hache au lieu du charpentier, il est rare qu'il ne se blesse pas la main.

【英译】

When the people do not fear death, how can they be frightened by the death

---

① "司杀者"指天或天道，天行之常，如陈荣捷译文 "master executioner (Heaven)"（*A Source Book of Chinese Philosophy*, Princeton: Princeton University Press, 1963, p. 173.），一说指专管杀人的人，一说指国家设置的法制机构。法译为 "Il y a toujours, pour tuer, ce qui a la fonction de tuer"（总有专管杀人的人）。

penalty? If it could be made to make the people constantly fear death, and as for those who commit monstrous deeds, if they could be seized and put to death, who would dare to do so?

There is always, in order to kill, that which has the function of killing. Substituting oneself, in order to kill, for those with the function, is like substituting oneself for the carpenter to handle the axe. For one wants to wield the axe instead of the carpenter, it is rare that he does not injure his hand.

【解意】

每个生命体都是天道丹意的自然生发与存在，其生灭是其自身丹意的自然流转，没有任何具体的生命体有外在超然的能力去决定别的生命体的生灭定数，除了天道丹意本身。如果强行剥夺别的生命体的生灭定数，就会被其丹意反噬。统治者不可随意影响天道丹意的兴衰更替，生杀大权是天道才有的，如果改变天道丹意的生杀意志，改变自然阴阳的节律，就会伤害统治者自己。更进一步，就会破坏整个自然丹意的原初状态和生存节律，甚至干扰自然丹意的生态进程，这是需要警惕的。

君主应该顺从自然丹意，无为且无私欲，不要越过自己丹意的界限，观照自己能够领悟的丹意源头。高明的君主会体悟到天道丹意的意志，不会去做可能伤害自己手的匠人。国家有专门的司法刑法机构，这是执行杀伐职能的专门机构，是自然丹意的具化物。人君在这种虚实的转换中，唯一要看管维护好的就是自己的自然丹意，不要流失，不可变得偏狭，进而使得国家社会动荡不安。要随时随地巡检丹意的中和平衡状态，使国家有序运作，官员各司其职，人民各就各位，清静自然。这是"无为""无不为"在司法领域的具体解读。

第七十五章

无以生为　贤于贵生

【原文】

民之饥，以其上食税之多，是以饥。民之难治，以其上之有为，是以难治。① 民之轻死，以其上求生之厚，是以轻死。

夫唯无以生为者，是贤于贵生。

【中译】

民众之所以遭受饥荒，是因为在上位的统治者贪图赋税太过分了，所以会导致民众陷入饥荒。人民之所以难于管治，是由于在上位的统治者喜欢多事妄为，因此人民就变得难于管治。人民之所以轻生赴死，是由于在上位的统治者一味满足私欲，奉养自己太过丰厚，因此人民宁可轻生赴死。

那种恬淡无欲、放弃满足欲望来追求生活享受的做法，比起那种搜刮民脂民膏用于厚养自己的做法，要高明太多。

【法译】

Si le peuple a faim, c'est parce que ceux qui sont au-dessus de lui se gavent du produit de l'impôt, voilà pourquoi il a faim. Si le peuple est difficile à gouverner, c'est parce que ceux qui sont au-dessus de lui interviennent et agissent trop, voilà pourquoi il est difficile à gouverner. Si le peuple prend la mort à la légère, c'est qu'il fait trop d'efforts pour vivre, voilà pourquoi il prend la mort à la légère.

Il est sage de n'agir pas trop pour vivre, ainsi peut-on mieux apprécier la vie.

【英译】

If the people are hungry, it is because those above them gorge themselves on the

---

① 有为，指统治者强作妄为，苛捐杂税，决策无常。无为是顺其自然，有为当然就不自然。与陈荣捷译文"does too many things"（*A Source Book of Chinese Philosophy*, Princeton: Princeton University Press, 1963, p. 174.）相比，"interfere"更能体现因统治者的妄为而使人民不能顺应丹意生活的状态。法译为"Si le peuple est difficile à gouverner, c'est parce que ceux qui sont au-dessus de lui interviennent et agissent trop, voilà pourquoi il est difficile à gouverner"（如果人民难以治理，那是因为他们之上的人干预和行动太多，这就是为什么难以治理）。

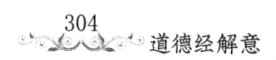

proceeds of taxation, which is why they are hungry. If the people are difficult to govern, it is because those who are above them intervene and act too much, which is why they are difficult to govern. If the people take death lightly, it is because they are making too much effort to live, and that is why they are taking death lightly.

It is wise not to act too much to live, so that one can better appreciate life.

【解意】

养生学一直是人们探索的重大课题，如果不能洞晓生命的根本法则，养生学不过就是肤浅的经验积累，很难有好的效验。道家内丹养生学是已经过百代验证的生命哲学，身体的奉养不仅是物质形态的营养吸收的问题，更是超越物质形态的精、气、神能量转化的问题。所以，道家生命哲学强调在养生过程中丹意的发现和发用，要明了身体的养护是一个与周边阴阳之精气互生互换的过程。如果周围生命体的生机活力萎缩，那么一个人的身体就很难得到好的维护。

丹意的生成养护需要先天的精、气、神。如果环境是消耗性的、抵触性的，那么丹意的光明状态容易变得灰暗。因此丹意的生机勃勃，时刻需要生命能量的供给。道家生命学明确揭示了生命的来源和长生不老的机制。生命的养护要顺从自然丹意的内在要求，以无私无为来供养，如果以剥夺别的生命体的方式和奇珍异物来供养，就容易加速丹意的消解，导致魂魄能量的耗散，加剧机体的衰老和各类病患的伤害，这就是不明白丹意的本质所导致的。一旦丹意安宁纯粹，身体养护的根基就稳固了，真正的养生秩序就建构起来了。相反，眼中只看到现实肉身的物质性满足，那绝对不是善待机体，因为机体的真正原动力是丹意，只有源源不断的自然丹意才是保证机体活力和身心平衡的关键。对于统治者来说，要给民众创造和谐、和平的生长、生活环境，民众的自然丹意得到生发和扩充，那么家国社会就自然会恭奉圣君的丹意生长维护，至于天长地久、长生久视之境。

第七十六章

兵强则灭　木强则折

【原文】

人之生也柔弱，其死也坚强。草木之生也柔脆，其死也枯槁。故坚强者死之徒，柔弱者生之徒。

是以兵强则灭，木强则折。强大处下，柔弱处上。

【中译】

人活着的时候身体柔软，死了以后身体就变僵硬。草木活着的时候柔软脆弱，死了以后就变得干硬枯槁。可见坚硬刚强的东西属于死亡的类型，柔软谦弱的东西属于有生气的类型。

所以兵力强盛了就容易灭亡，树木强大了就容易遭到摧折砍伐。于是强大的应该处在下位，柔弱的应该处在上位。

【法译】

L'homme, naissant à la vie, est tendre et délicat; mourir le rend dur et rigide. Plantes et arbres, naissant à la vie, sont flexibles et fragiles; mourir les rend secs et cassants. Le dur et le rigide accompagnent la mort; le souple et le délicat accompagnent la vie.

C'est pourquoi une armée rigide ne peut vaincre; un arbre raide est débité. Ainsi, ce qui est dur et rigide est en bas et ce qui est tendre et délicat est en haut.

【英译】

Man, born to life, is tender and delicate; dying makes him hard and rigid. Plants and trees, born to life, are flexible and fragile, dying makes them dry and brittle. For the hard and the rigid accompany death; the supple and the delicate accompany life.

That is why a rigid army cannot conquer; a stiff tree is cut down. Thus what is hard and rigid is below, what is tender and delicate is above.

【解意】

人禀赋天地和丹意的阴阳之气才能够出生和成长，一旦丹意消解，阴寒之气侵入体内，机体就会受到侵害，元炁消散。因为温和的阳气酥软绵长，帮助机体生生不息，如果寒气、阴气凝聚，那么肌肤就会干燥，生机剥落，死机就开始降临。譬如春生夏长，阳气炽盛，万木欣欣向荣；而秋冬苦雨寒冰，万物凋零。如此来看，丹意养生是顺应自然的，阳气温柔则生。顺着生意生生，则生机宜柔，死机枯槁。丹意养生哲学，以弱而求生自强，处低端聚集生气而求生。

丹意养生，强调阳气合成的玄关一窍，因为玄关合成的阳气最纯最柔，是最具生长活力的，能够将阴气驱散，甚至直接从阴气里面提纯出微弱的阳和之气，曛曛暖暖，生机复现。在内丹静定状态，虚极实来，这就是丹意生发的最佳时机，如同万里晴空，风朗气清，若此时知道采取这种阳气，那么生命机体的元机就找到了。所以，玄关一窍的气息，就是生命的真种子，就是大道浸润心头的自然丹意，在一阳发动的活子时里，随时可以体会到人生之初的先天极精微、神妙的生命初始能量。

第七十七章 为而不恃 功成不处

【原文】

天之道，其犹张弓与？高者抑之，下者举之，有余者损之，不足者补之。天之道，损有余而补不足。人之道则不然，损不足以奉有余。

孰能有余以奉天下？唯有道者。是以圣人为而不恃，功成而不处，其不欲见贤。

【中译】

天道的作用，难道不是很像弯弓射箭吗？如果弓箭抬高了，就应该往低压一压，如果弓箭压低了，就应该往高抬一抬。如果弓拉得过满了，就应该减点力量，如果弓拉得不够了，就应该加点力量。天道的作用，其实是减损有余的，来增补不足的。可是，现实社会中的人治之方却往往不是这样，努力要减损底层不足的人，去增补供奉在上已经有余的人。

那么，谁才能够减损有余的人，去奉养天下不足的老百姓呢？只有得道的领导人才可以做到。所以圣人兴作培育万物，但不自恃贤能，成就万物，但不自居有功，也不愿意显示自己的贤能。

【法译】

La Voie du Ciel ressemble à l'action de tendre un arc. Ce qui est en haut est pressé vers le bas, ce qui est en bas est tiré vers le haut; ce qui est en trop est enlevé, ce qui manque est suppléée. La Voie du Ciel enlève l'excédent et comble le défaut. La voie de l'homme est toute contraire; elle ôte à celui qui a peu pour l'ajouter à celui qui a trop.

Qui est capable d'offrir au monde l'excès de ses biens? Seulement celui qui possède la Voie. La Sage agit sans rien attendre. Son œuvre accomplie, il ne s'y arrête pas. Il ne vise pas à apparaître sage.

【英译】

The *Dao* of Heaven is like the action of stretching a bow. What is above is pressed downwards, what is below is pulled upwards; what is surplus is taken away, what is lacking is made up. The *Dao* of Heaven removes the excess and fills in the deficit. The way of man is quite the opposite, he takes away from one who has little to increase, and add to the one has too much.

Who is able to offer the world the excess of his goods? Only the one who possesses the *Dao*. The Sage acts without expecting anything. His work accomplished, he does not stop there. He does not aim to appear wise.

【解意】

天道运行，生育万物，就是一阴一阳的往来生成，阴阳之气运行公正平衡，如同太阳没有私心光照，如同地球母亲没有私意负载。丹意循环往复，可能导致阴盛阳衰，阳盛阴衰，因为阴阳之气此消彼长，就像一张刚柔相济的弓。就人的生命历程而言，呱呱坠地时是纯阳的身体，中和圆润，丹意充盈，并无世俗观念侵扰。随着岁月更替，火气常常处于身体上位，水气常常处于身体下位，水火分离，不再交通，正如朱丹溪所言：阴常不足，阳常有余。源源生命之水日益被火灼食，因此人成年之后，思虑无穷无尽，人欲日益充斥，天理湮灭，丹意日渐退隐，真气元气日益耗散，生命化生之机制越来越紊乱，生命开始处于消耗和散乱的"向死而生"的过程。

道家生命观要求人"向阳而生"，即向着阳气的生机而生，意识到自己的生命处于耗散过程中。如果能够觉察丹意，在火气居于上位的时候，以丹意照下位；水气居于下位的时候，以丹意滋养上位，这不正是老子的"高者抑之，下者举之，有余者损之，不足者补之"的真意吗？这个损益过程，不正是丹意自组织的自生、自化的过程吗？如此，气血自然充盈平和，阴阳再度平衡有序，这都是水气与火气在丹意的照耀下，水火交接的自在自为的过程，是人用心用力不足以完成，甚至天道丹意都不以为然的无为而为的过程。内丹的修炼就是后天返还先天的过程，川流不息，无心自为。

第七十八章

弱之胜强 柔之胜刚

【原文】

天下莫柔弱于水，而攻坚强者莫之能胜，以其无以易之。弱之胜强，柔之胜刚，天下莫不知，莫能行。

是以圣人云："受国之垢，是谓社稷主；受国不祥，是为天下王。"正言若反①。

【中译】

天下没有什么比水更柔弱的事物了，可是论攻坚克强的能力，什么都比不过水，因为水柔中带刚，而且不可能被任何东西改变。弱小可以胜过强大，柔韧可以胜过刚强，天下没人不知道这个道理，可是几乎没有人能够去践行它。

于是圣人这样说："能承受全国的污垢和屈辱，才配得上做社稷的主人；能承受全国的灾殃和祸患，才配得上做天下的王者。"正面的话听起来好像在说反话一样。

【法译】

Il n'y a rien dans le monde de plus souple et de plus faible que l'eau; mais pour attaquer ce qui est dur et fort, il n'y a rien qui la surpasse. Cela parce qu'il n'y a rien qui puisse la remplacer. Que le faible l'emporte sur le fort et le souple sur le dur, tout le monde le sait, mais il n'y a personne qui le mette en pratique.

C'est pourquoi le Sage a dit: "Celui qui assume les sordidités du royaume est digne de sacrifier aux dieux du sol et du grain; celui qui assume les malheurs du royaume est digne d'être le roi du monde." Les paroles vraies semblent être des paradoxes.

【英译】

There is nothing in the world more flexible and feeble than water; but to attack

---

① 正言若反是指正面的话好像反话一样，如陈荣捷英译为"straight words seem to be their opposite"（*A Source Book of Chinese Philosophy*, Princeton: Princeton University Press, 1963, p. 175.）。法译为"Les paroles vraies semblent être des paradoxes"（真正的词语似乎是悖论）。

what is hard and strong, there is nothing that surpasses it. This is because there is nothing that can replace it. That the weak prevail over the strong and the soft over the hard, everyone knows, but there is no one who puts it into practice.

That is why the Sage said: "He who assumes the sordid things of the kingdom is worthy to conduct sacrifices to the gods of the soil and the grain; He who assumes the misfortunes of the kingdom is worthy to be the king of the world." True words seem to be paradoxes.

【解意】

丹意的自然心灵倾向是让柔弱者居于优先，让柔弱者处于上位。所以，人无论是修炼内丹还是成就世间事业，都要以柔弱之态度作为安身立命的人生哲学。这一点，可以再次通过老子推崇的水的意象体悟。水至柔至弱，利益万物而不争不怨，一点一滴，人不以为然，但是一旦汇聚，则汪洋磅礴，势如破竹，无坚不摧。

丹意发动，随时临鉴，无所不知。但是丹意初始微动，一般没有特别修炼的人，很容易即刻就被情欲困扰，丹意之天心即刻转为人心，心态变得刚愎自用，不再安于丹意的柔软，而是寻觅各种嗜好，应对各类纷扰，沉溺于各种道理、文章、说辞，于是天心丹意逐渐消失殆尽。此时，生生不息的原动力也就戛然而止、枯竭无源了。此水于内丹而言，也是阳生活子时的初始时机，真元精气伴随丹意，其气至柔至弱，需要经过日积月累，才能汇成浩然之气。人体成年以来的各种阴质残渣，悉数被冲刷洗涤，各类沉疴旧疾都得以自愈。感悟丹意，提振阳气的过程，自始至终，攻坚克难，是以至柔之精气去攻克至坚之病患，靠的都是丹意之神明指导、把舵领航，时刻领悟丹意的圆满无缺，自然自在。

第七十九章

天道无亲　常与善人

【原文】

和大怨，必有余怨，安可以为善？

是以圣人执左契，而不责于人。有德司契，无德司彻。天道无亲，常与善人。①

【中译】

一般人试图调和深重怨恨的时候，一定会留下残余难以化解的怨恨，这怎么能够算得上是做善事呢？

可见，圣人手里虽然拿着放贷的契约，却从不拿出凭证去向债务人讨债。这是因为得道之人只是主管契约，宽厚有德，所以不会向人索取，不得道且无德的人，才会像掌管税收的官员那样去苛刻地计较。

天道对任何人都不会有偏爱，总是去佑助那些得道有德的善人。

【法译】

Si l'on a apaisé une grande rancune et que des motifs de plainte subsistent, cela peut-il être considéré comme une réussite？

C'est pourquoi le Sage garde la moitié gauche de la taille, mais ne réclame rien au débiteur. Celui qui possède la Vertu laisse dormir son titre; celui qui est sans Vertu veille constamment à obtenir son dû.

La Voie du Ciel n'a pas de préférence, mais accompagne toujours l'homme bon.

【英译】

If having brough harmony to a great conflict, there are still grounds for complaint, can this be considered good？

This is why the Sage keeps the left half of the tally, but does not claim anything

---

① 无亲是指不偏亲偏爱。英译多为"favorite"，Arthur Waley 译为"without distinction of persons"，天道自然没有偏私，没有西方上帝那样的主宰者给出律法之意。法译为"La Voie du Ciel n'a pas de préférence. Elle est toujours avec l'homme bon"（道没有偏爱，总是选择和善良的人在一起）。

from the debtor. He who has virtue lets his title lie dormant; he who does not have *De* (Virtue) sees to it that he gets his due.

The *Dao* of Heaven has no preference. She is always with the good man.

【解意】

内丹修身机理认为，积善行德不仅具有道德意义，更是生命内在机理和活力的基础。丹意内在的倾向趋于善人善德，而善德的积累，尤其以自律和慎独为内丹生命内环境之所需。丹意有自然感召感应的内在机制，圣人待人接物，一向以丹意真诚，没有是非扰动，严于律己，宽以待人，无怨无悔。缺乏道德的人，往往容易对个人的利害得失斤斤计较，但对涉及他人利益、公共利益之事漠不关心，苛责别人，却从来不自省自查。人一旦止于至善，则丹意自生自现，会得到天道的眷顾和护佑。

内丹修养之功夫，最难之处就在这里，修道而体悟意丹，犹如洗心革面、脱胎换骨一般。善恶美丑，是非成败，无动于衷，以内在的丹意之德克己修己，不被外在的阴阳之气的变化影响。就人体呼吸而言，感通丹意真心的精神状态，自然会有一种不同于后天口鼻呼吸的胎息，这是生命内在的大天机，感通丹意可谓人体生命力归根复原的征兆。人可以通过感通丹意而得到一种生命无上的大自由和大自在，甚至最终不再受困于此身体的生老病苦，从而迎来生命状态的彻底解放，通于大道而永生不败，这样的意丹境界，只能靠道家修炼去揭开其中的生命奥秘。

第八十章 小国寡民 安居乐俗

【原文】

小国寡民。

使有什伯之器而不用，使民重死而不远徙。虽有舟舆，无所乘之；虽有甲兵，无所陈之。

使人复结绳而用之。甘其食，美其服，安其居，乐其俗。邻国相望，鸡犬之声相闻，民至老死不相往来。①

【中译】

国家要尽量小，人民要尽量少。

哪怕有十倍百倍的人工和器具，都不去使用它们；要求民众爱惜生命，不轻易向远方迁徙。虽然有船只车辆可用，但大家没有必要去乘坐；虽然有铠甲兵器可用，但没有战事就不要去排兵布阵。

要使民众穿越回到远古结绳记事的自然状态一样。让人民觉得自己吃的饭菜香甜美味，自己穿的衣服美观大方，自己住的房子安稳舒适，自己的风俗欢喜快乐。邻国接壤，相互望得见，鸡鸣狗叫的声音相互听得到，可是民众从生到死，一辈子都不需要互相往来。

【法译】

Un pays devrait être de taille réduite et de faible population.

Bien qu'il y ait des instruments faisant le travail de dix ou cent hommes, on ne les utilisera pas. Là où les gens sont réticents à voyager au loin parce qu'ils ne prennent pas la mort à la légère, on ne fait pas usage de bateaux et de chars, quand bien même on en disposerait; et quand bien qu'il y aurait des cuirasses et des armes, on ne les sort pas.

---

① 社会有道，就有良好的基于丹意的公共秩序，每个人都安分守己，醇美和平，甚至没有交流和交往的必要。老子强调恬淡安适，除了有美学意味，更有救人于欲望之水火的深慈大悲之心。理想社会中人与人之间互不打扰的状态，如 Jerry C. Welch 的译文 "they will not bother them, coming and going"，体现的是老子认为的大道流行的状态。法译为 "Où les habitants de pays voisins, à portée, à portée de vue l'un de l'autre"（邻国的居民在彼此的视线范围内）。

Qu'ainsi le peuple soit amené à remettre à l'honneur ses propre mesures, à apprécier sa propre nourriture, à trouver beaux ses propre vêtements, à être content de ses propres habitations.

Qu'ainsi les habitants des pays voisins puissent se regarder sans ne plus chercher à se visiter.

【英译】

A country should be of small size and small population, where, although there were instruments doing the work of ten or a hundred men, they would not be used. Where people would be reluctant to travel far away because they would not take death lightly.

Although there are boats and wagons, they would not be used; and although there are breastplates and weapons, they would not be shown.

The people would be led to restore the use of knotted cords, to appreciate their own food, to find their own clothes beautiful, to be content with their dwellings. Where the inhabitants of neighboring countries, though within reach and sight of each other, do not venture to visit.

【解意】

人类历史上的诸多文明已经退出历史舞台，这可以看成是自然丹意生化流转所导致的。人类在发明文明并以文化人的过程中，创造了辉煌的物质和精神文明成果，但也不断异化着人类的心灵世界。任何私心私意都是对自然丹意的蓄意破坏，统治者因其私心，并善于因时而为、强行滥用，致使诸多领域的自然丹意一时都难以恢复。老子已经前瞻性地揭示了文明运作的不良后果，所以要正言若反，倡导人类回到远古田园牧歌的自然状态。这作为诗意的梦想自然有其道理，但从历史的发展来看，要回到远古状态已经几乎没有可能。

如此看来，似乎文明进步的代价就是人类整体的自然丹意越来越微弱，取而代之的是无休止的文明冲突和文明歧视。尤其在科技思维方式甚嚣尘上的今天，人类的生活方式越来越单一、功利，即使某些有识之士从先天丹意的境界发出告诫，也往往被斥为不合时宜，甚至仅有的一丝丹意的自然流露都会被视为异端或胡诌。人类的现代性生活方式几乎一直在制造无尽的焦虑和不安，而这种心灵焦虑会更加远离自然丹意的真正面目，导致对古老的经典及其智慧愈发陌生。

  不可否认，科技的成就在一定程度上可以帮助人类从后天的立场透视先天，特别是理论物理学的新观念，如果可以乐观展望，现代性与自然丹意并不需要被视为截然对立，或许历史的进程本身就在暗示着文明有自身发展的大思路，随时可能峰回路转，柳暗花明。人类在心灵深处，还是可能沉浸在静谧星空里，感悟大音希声，聆听自然丹意的真切呼唤。如果人生活在过度人化的、人造的世界里面，能够多一些对自然的关心、爱护与尊重，那么，人类本来禀赋的自然丹意就不会消失，甚至可以与境共生共成。丹意的发展过程本身就是这样曲折，从混沌原初状态走来，呈现在自然的山川河流、星辰大海之中，希望能够走向"大道之行，天下为公"的大同境界。道家理想的社会形态是每个人都在自然丹意的自足自为中甘美其俗，彼此感通大爱，真正实现各美其美、美美与共的命运共同体。

第八十一章

圣人之道　为而不争

【原文】

信言不美，美言不信。善者不辩①，辩者不善。知者不博，博者不知。

圣人不积：既以为人，己愈有；既以与人，己愈多。

天之道，利而不害。圣人之道，为而不争。

【中译】

信实得道的话并不华美，华美的话往往不够信实得道。善于得道的人不会巧辩，巧辩的人往往不善于得道。真正得到关于道的真知的人不会卖弄广博，卖弄表面知识广博的人不可能拥有关于大道的真知。

得道的圣人对外物没有占有之心：越帮助别人，自己越充足；越给予别人，自己越丰富。

天道造福万物但不伤害它们。圣人修道而得意丹，施助万物但从不与物相争。

【法译】

Les paroles fiables ne brillent pas; les paroles qui brillent ne sont pas fiables. Celui qui est bon ne discute pas; celui qui discute n'est pas bon. Celui qui sait n'est pas un savant; celui qui est un savant ne sait pas.

Le Sage n'amasse aucun bien: plus il fait pour autrui et plus il possède; plus il donne aux autres et plus il reçoit.

La Voie du Ciel porte avantage, mais ne porte pas dommage. La Voie du Sage est d'avoir une activité qui ne s'oppose à personne.

【英译】

Reliable words do not shine; shiny words are unreliable. One who is good does not argue; the one who argues is not good. One who knows is not a scholar; one who is

---

① 善者是言语行为善良的人，更指善（于为）道者。善道之人，德充其身，含敛光华，不辩而通天地。如张钟元译文 "One who is proficient does not depend on verbal disputation"（*Tao: A New Way of Thinking: A Translation of Tao Te Ching.*, New York, 1975.）能够传达这种意味。法译为 "Celui qui est bon ne discute pas"（善良的人不辩解）。

a scholar does not know.

The wise man does not amass any good: the more he does for others, the more he possesses; the more he gives to others, the more he receives.

The *Dao* of Heaven brings advantage, but does not bring damage. The *Dao* of the Wise is to engage in activity that does not oppose him to anyone.

【解意】

一部《道德经》就是一部自然丹意成就的万古丹经，其中富含修身、齐家、治国、平天下的金玉良言。但是，妨碍人们去领悟《道德经》大道的，恰恰是与道有关的系统性言辞本身。天机隐隐，若隐若现，隐显之间，似乎天机平平无奇。但是，如果老子出关之时，不言无说，今天的我们将更加没有端绪，不知"道"为何物，如何体悟大道？既然要言说大道，那就必须说到真处、说到实处，这就是老子说的"吾不知其名，字之曰道"（第二十五章），实在不能再添加文辞了，美言如果好听，那就更加不可信了。

善于辩论者，大道不繁，至简至易。可是研究者往往以文装饰，将简单问题层层造作，直至异常繁复，也未必善罢甘休。如果言说的是真言善语，那就无需多么渊博的辩才，既然善在一心，所言自然清清白白。学问广博的人，哪怕通晓诸子百家，也跟圣人悟道大相径庭，因为悟道根本无需博学，甚至无需见闻。圣人感通天道而悟得丹意，悟空而实有，由实有而虚无，如中秋圆月，朗朗高照，当下即见，无需累积。一旦累积，则丹意不纯，如同明镜上蒙上灰尘，这就不是圣人至灵的丹意本体，不再可能做到廓然大公了。

天道生生不息，丹意流转不停。圣人顺天道自然，更顺自然丹意，兴作万事、成就万物，时刻通达纯真的天地自然之道，后天先天不再有别，无私无我，道德修养与天地合德，内心光明与日月合明，行动和宜与四时合序，感通自然丹意，时刻四通八达。丹意可以利益万物，而没有任何私心私利之打算，可以直养而无害，其损益增减都是无心无为，故绝不需要任何纷争和争斗的心思意念。圣人之心，即自然丹意，也就是天地自然生生的本体之心，圣人之道即天之道。天地丹意纯善纯美，生养不争，通达自然丹意，成就天道之利。

主要参考书目

1. [汉] 河上公注，[三国魏] 王弼注，[汉] 严遵指归，刘思禾校点《老子》，上海古籍出版社，2013年版。
2. 严遵：《老子指归》，王德有点校，中华书局，1994年。
3. 楼宇烈：《老子道德经校释》：北京：中华书局，2008年。
4. [宋] 苏辙：《道德真经注》，上海：华东师范大学出版社，2010年。
5. [元] 吴澄：《道德真经注》，文渊阁四库全书本。
6. [明] 王夫之：《老子衍》，北京：中华书局，1962年。
7. [明] 憨山《老子道德经解》，长江出版传媒，崇文书局，2015年版。
8. 朱谦之：《老子校释》，北京：中华书局，1984年。
9. 任继愈：《老子绎读》，北京：北京图书馆出版社，2006年。
10. 李零：《人往低处走：〈老子〉天下第一》，北京：三联书店，2014年。
11. 陈鼓应注译：《老子今注今译》（参照简帛本最新修订版），北京：商务印书馆，2003年。
12. 陈鼓应、白奚：《老子评传》，南京：南京大学出版社，2001年。
13. 林语堂：《老子的智慧》，西安：陕西师范大学出版社，2006年。
14. 傅佩荣：《傅佩荣译解老子》，北京：东方出版社，2012年。
15. 马恒君：《老子正宗》，北京：华夏出版社，2014年。
16. 罗义俊：《老子译注》，上海：上海古籍出版社，2012年版。
17. 刘笑敢：《老子古今：五种对勘与评析引论》北京：中国社会科学出版社，2006年。
18. 董平：《老子研读》，北京：中华书局，2015年。

19. 王中江：《老子》，北京：国家图书馆出版社，2017 年。

20. 黄克剑：《老子疏解》，北京：中华书局，2017 年。

21. 张其成：《张其成全解道德经》，北京：华夏出版社，2017 年。

22. 杜保瑞：《反者道之动：老子新说》，北京：华文出版社，1997 年。

23. 曹峰：《老子永远不老——〈老子〉研究新解》，北京：中国人民大学出版社，2018 年。

24. 罗安宪：《老庄论道》，沈阳出版社，2012 年。

25. 王博：《老子思想的史官特色》，台北：文津出版社，1993 年。

26. 安乐哲，郝大维著，何金俐译：《道不远人——比较哲学视域中的〈老子〉》，学苑出版社，2004 年。

27. 辜正坤译：《道德经：附楚简〈道一生水〉》：The Book of Dao and Deh (with the Bamboo Slip-text: The Great One Begot Water)，北京：中国出版集团，中国对外翻译出版公司，2006 年。

28. 任法融：《道德经释义》，北京：东方出版社，2017 年。

29. 赖贤宗：《道家诠释学》，北京：北京大学出版社，2010 年。

30. 宋常星：《道德经讲义》，台北：三民书局，1970 年初版。

31. 温海明：《儒家实意伦理学》，中国人民大学出版社，2014 年。

32. 温海明：《道德经明意》，中国社会科学出版社，2019 年。

33. [德] 汉斯－格奥尔格·梅勒（Hans-Georg Moeller）：《〈道德经〉的哲学：一个德国人眼中的老子》，刘增光译，北京：人民出版社，2010 年。

34. 张祥龙：《海德格尔思想与中国天道：终极视域的开启与交融》（修订第三版），中国人民大学出版社，2011 年。

35. 丁四新：《郭店楚墓竹简思想研究》，北京：东方出版社，2000 年。

36. 郑开：《道家形上学研究》（增订版），北京：中国人民大学出版社，2018 年。

37. 吴根友：《道家思想及其现代诠释》，上海：上海交通大学出版社，2018 年。

38. 唐明邦：《论道崇真集》，华中师范大学出版社，2006 年。

39. 陈霞：《道家哲学引论》，北京：中国社会科学出版社，2017 年。

40. Arthur Waley 译：《道德经》中英对照版，北京：外语教学与研究出版社，1999 年。

41. Roger Ames and David Hall, *Making This Life Significant: A Philosophical Translation of Daodejing*, New York: Ballantine Books, 2003.

42. Arthur Waley, *The Way and Its Power, A Study of the Tao Te Ching and Its Place in Chinese Thought*, Grove Press, 1958.

43. Charles Q. Wu, *Thus Shoke Laozi: A New Translation with Commentaries of Daodejing*, University of Hawaii Press, and Foreign Language Teaching and Research Press, 2016.

44. 刘殿爵（D. C. Lau）, *Lao Tzu: Tao Te Ching*, London: Penguin, 1963.

45. 刘殿爵（D. C. Lau）, *Tao Te Ching*, Hong Kong: Chinese University of Hong Kong Press, 2001.

46. 张钟元（Chang Chung-yuan）, *Tao: A New Way of Thinking. A Translation of Tao Te Ching.*（《道：一条思想的新道路：道德经翻译》）, New York, 1975.

47. 韩禄伯（Robert G. Henricks）, *Lao Tzu's Te-Tao Ching: A New Translation Based on the Recently Discovered Ma-Wang-Tui Texts*, New York: Ballantine, 1989.

48. 韩禄伯（Robert G. Henricks）, *Lao Tzu's Tao Te Ching: A Translation of the Startling New Documents Found at Guodian*, New York: Columbia University Press, 2000.

49. 陈荣捷（Wing-tsit Chan）, *A Source Book of Chinese Philosophy*, Princeton: Princeton University Press, 1963.

50. Chan, Wing-tsit, *The Way of Lao Tzu, translated, with introductory essays, comments, and notes*, New York, St. John's University Press, 1963.

51. 陈汉生（Chad, Hansen）: *Daodejing: On the Art of Harmony*, New York: Shelter Harbor Press, 2017.

52. Robinet, Isabelle. *Taoism-Growth of a Religion*. Stanford: Stanford University Press, 1997.

53. Charles Q. *Wu, Thus Spoke Laozi: A New Translation with Commentaries of*

Daodejing, Honolulu: University of Hawaii Press, and Beijing: Foreign Language Teaching and Research Press, 2016.

54. Victor Mair, *Lao Tzu Tao Te Ching: The Classic Book of Integrity and the Way: A New Translation based on the Recently Discovered Ma-Wang-Dui Manuscripts*, Bantam Books, 1990.

55. Stephen Addiss and Stanley Lombardo, *Tao Te Ching, Lao-tzu*, Introduction by Burton Watson, Boston & London: Shambhala, 2007.

56. Red Pine, *Lao-Tzu's TaoTeChing* (with selected commentaries from the past 2,000 years), Port Townsend, Washington: Copper Canyon Press, 2009.

57. Charles Muller, *Tao Te Ching*, Introduction and Noted by Yi-Ping Ong, New York: Barnes & Noble Classics, 2005.

后　记

居夷处困　我心光明

居夷处困，动心忍性，增益其所不能。穿过一个个人生困境，只有经典能让我们保持内心光明一片。当人生陷入至暗时期，唯有先人的智慧能够带领我们走出困境。终于下决心在2024—2025跨年夜完成拖延了很久的《道德经解意》后记，自从本书书稿完成后，后记部分一直悬而未决，如同我的处境，颠沛流离。直到华夏出版社黄欣老师将审校稿发给我时，后记部分到了必须要完成的时候了，首先想到的是许许多多帮助过我的良师益友，每一次感动历历在目。

《道德经解意》的撰写，于我而言，既是一场心灵的探寻之旅，也是对生命意义的深度思索。在历经多年的笔耕不辍后，我怀着复杂的情感，回望这段心路历程，仿若穿越幽暗山谷，终见光明之景。

我生于江西九江庐山脚下的中医世家，祖父接受的是私塾教育，穿长衫、读古书、写毛笔字，精通中医、风水、八字，写得一笔漂亮的小楷，当地人尊称他为胡先生。儿时的我经常随祖父看戏、听书、写诗，每逢有人来向祖父问事时（按照当地的习俗，诸如婚嫁、乔迁、动土、开业、外出等，都要请先生看个好风水，择个吉利日子），我就在旁边，耳濡目染，传统文化是如何为群众服务的，这就是我记忆中的传统文化启蒙教育。等到上学后，受父亲和母亲的影响更多些。父亲身体好的时候，早晨会带着我和哥哥晨练，蹲蹲马步、打打太极，也会带我们上山采草药。寒暑假的时候，我还会随着父亲看门诊，偶尔父亲不在的时候，我也会给远道而来求医问药的患者推拿按摩等，为患者即时解除病痛。我母亲是教师，为了培养我的文学爱好，给我订阅了许多课外读物，经常带我听各类名师讲座，游览文化胜地。成长在庐山脚下的我，白鹿洞书院是我儿时的乐园，周敦颐的《爱莲说》等作品深深影响着我，让我对中国优秀传统文化充满敬畏。

成年后，北京大学胡军教授《哲学是什么》一书偶然影响了我，我多次想选择哲学专业深入学习，然而却一再与哲学错肩而过。我先是从事临床医学的工作，后赴法国留学，研究医院管理。热衷于中法传统文化交流之际，有幸结识了中国社会科学院哲学研究所的胡孚琛先生，开启了我的道家、道教、丹道研究之旅。通过研读《道学通论》《丹道法诀十二讲》《中华道教大辞典》等著作，我进一步领略到传统道家道教思想文化的深邃魅力。此后又受一代儒哲汤一介先生和中国比较文学研究拓荒者乐黛云先生的影响，他们的著作引领我更进一步思考：生命的真谛是什么？我来到人世间的使命是什么？我又如何能实现它？尤其是乐黛云先生在暮年，以深邃的智慧和丰富的人生阅历，创作了《人生由我：做勇敢和浪漫的自己》一书。如何在纷繁复杂的世界中保持内心的勇敢与浪漫？在这部著作中，她以细腻的笔触和真挚的情感，向我们娓娓道来。她认为：勇敢并非无畏，而是在面对困难与挑战时，敢于直面内心的恐惧，勇敢地迈出改变的步伐；浪漫则是在平凡的生活中，发现并创造美好，以诗意的心态去感受世界的温暖与希望。她鼓励人们在追求事业成功的同时，也要关注个人的情感需求和精神成长，追求内心的平衡与和谐。

人生是一场没有回程的旅行，总是会有一些遗憾，我最大的遗憾是，多种原因导致我至今尚在努力成为一位哲学工作者的路上。小时候由于体弱多病，父母让我学医。在法国留学期间，花了很多时间精力在传统文化上，原计划申请博士时选择中国哲学专业，然而导师建议我继续攻读医学教育或卫生管理。博士毕业后，尝试去中国社会科学院哲学研究所从事博士后研究工作，却因一念之差，到北京大学医学部继续从事卫生管理的研究，博士后出站有选择就业的机会，却没有了选择专业的机会，哲学系没有就业岗位提供给卫生管理专业的申请者，我也缺乏重头开始换专业、逆天改命的勇气和决心。

若无灭顶之灾，就无缘领会老子真意。直到一场无妄之灾降临到我的身上，让我濒临死亡。顿悟人生的我，为了自救，终于鼓起勇气，毅然选择了研究中国哲学，不顾一切，全身心地投入我真正热爱的学科。

那是 2024 年除夕前夜，我经历过一段无比惊悚的时期，这期间我身、心、灵遭受致命摧残，那些场景如梦魇般时刻折磨着我。在那之后依旧是漫长的至暗时期，孤独无助，泪水与惊吓交织。无声绝望的日子里，我独自彷徨，有时失声痛哭，撕心裂肺的呐喊不过是旷野呼告；偶尔情绪失控时，曾多次徘徊在死亡的边缘。

回到燕园，重见光明之后，我重拾过去未曾读懂的《道德经》，向先人问道，与同仁切磋，带着满身创伤，俯仰之间，在万籁俱寂的深夜，在霞光微露的晨曦，以泪写心，完成《道德经解意》的初稿，这是一本心灵创伤与愈合交织的、让天道自然呈现之书。初稿的文字夹杂着很多委屈、忧伤、绝望的情绪，字里行间或多或少包含着我的泪水和痛楚，还望读者们多多包涵。通过每日专注解读《道德经》，明白理解其中深意，我逐渐得以自救。大道好像一双救赎的手，拉着我穿越深渊苦海，迎来光明。前有王阳明，居夷处困时仍读书求道，矢志不渝。《论语》有云："君子无终食之间违仁，造次必于是，颠沛必于是。"君子在颠沛流离中学习如何坚守仁德，保持内心的坚韧强大，令人肃然起敬。东方载道之书与西方圣经，可谓同出而异名，超入神圣之域，不离日用行常。《约翰福音》开篇言："太初有道，道与神同在，道就是神。"天道不得不言，而言即成神。多年在西方国家学习和工作的经历，让我有能力用法文和英文去翻译呈现老子元典内涵，让世界上更多人明解大道的深意。

在汤先生和乐先生伉俪位于北京大学未名湖畔朗润园的家中，乐先生看到我情绪低落，为了鼓励我重新振作起来，先生像妈妈给孩子讲故事一样，和我分享了她的世纪人生中经历的万千坎坷，微笑着鼓励我："不要害怕，逆境时，要勇敢地坚持下去，只要坚定向好的信念，一切都会慢慢好起来。"她殷殷叮嘱我，"无论遇到什么挫折，都要相信自己的价值与潜力，勇敢地面对挑战，不断超越自我"，"人生是一场漫长的旅程，你所经历的每一个阶段都是一次成长的机会"，"勇敢地去追求自己的梦想，不要被外界的质疑与困难所吓倒。在追求梦想的过程中，也要学会欣赏生活中的美好，保持一颗浪漫的心"。她告诉我，她 50 岁的时候才到哈佛大学开始学习比较文学，克服了许多困难，最终如愿以偿。

先生的教诲和祝愿，给了我温暖而坚定的力量，成为我卸下心理负担、重新整装、再度启程的动力源泉。每当我感到迷茫或疲惫时，脑海中总会浮现出先生慈祥的面容和她的话语，提醒我要勇敢地面对内心的恐惧与不安，以积极向上的心态迎接生活的挑战。感恩先生的指引，我才得以勇敢地踏上哲学之路，并得到陈鼓应、安乐哲夫妇、王中江等多位汤先生和乐先生旧交的帮助，以及王博、张广保、胡仲平等汤门仁兄的支持，他们是我前行的明灯，他们的道家道教著作都是我孜孜不倦学习的资料。

《道德经解意》成书过程中，得到众多师友的支持，是大家的启发、建议、支持与帮助让小书得以顺利完稿。

首先感谢北京大学医学部韩启德院士，当年他以亲笔信推荐我回国开展博士后研究工作，韩老师的《医学的温度》让我认可和敬畏自己所从事的工作。同时非常感谢我供职的北京大学中国卫生发展研究中心的领导和同事们的支持，让我能在良好的办公条件中思考和写作，他们从跨学科的视角给予本书建议。在写作期间，北京大学医学部主任乔杰院士和中心现任主任任明辉教授、副主任刘晓云教授都为我提供了很大的支持。还要感谢公共卫生学院吴明、杨莉、吴涛、闫蕾等老师一直以来对我的关心。

我写作过程中时常回想起的场景是，2023年疫情刚过，新学期的职工会议上，我的博士后合作导师、原北京大学公共卫生学院院长、中国卫生发展研究中心主任孟庆跃教授说："经历了新冠之后，我有了一些新思考，科研和人生都是，更深入地思考：我们的使命是什么？我们研究的意义是什么？生命的意义又是什么？"这些话让我印象深刻，也让我重新思考："我的使命是什么？我的生命的意义是什么？"作为德高望重的卫生经济学家，孟老师在指导我设计公立医院管理者领导力培训课程的时候就说过，希望能通过这样的培训，让卫生管理者明白医疗机构在医疗卫生体系中的定位和使命。作为管理者，要有宏观思维、无我精神，关注机构对卫生体系的贡献，而不仅限于自己医院的营收情况。这让我想到，如果能在医院管理的实践工作中充分运用道家管理哲学思想，就能实现孟老师期待的境界了。

其次，对我帮助很大的是来自九三学社各级领导和同志们的指导、关心，我作为九三学社的一员，有各种学习的机会，党派组织的集中授课和小组座谈等形式都让我很受益。2024年，我参加北京市民主党派中青年骨干培训班，开展为期半个月的学习，拓宽了我写作道家政治哲学思想部分的视野。在本书写作过程中，九三学社中央社委会副主席、全国政协副主席邵鸿，第十四届全国政协委员张云泉，北京市政协委员李宏等九三学社的老师们从各自专业的角度给予了很好的意见和建议。

第三是来自北京大学哲学系张广保、郑开、杨立华等师友的帮助和支持，让我在成书过程中获得了许多真知灼见。中国社会科学院哲学研究所胡孚琛老师和他的学生以及弟子们，如余强军、张超中、易宏、邵洪波、王体、何振中、盛克琦、刘高琦等老师，曾鼎力相助。中国人民大学哲学院温海明、郝梦起对英文稿的修订，杨一心（Alexis Lavis）、寇哲明（Benjamin Michael Coles）和翰忠（John Wilton）对法文稿的斧正，王硕、刘科迪、唐军对中文稿的校对。大家字斟句酌的修订令我获益匪浅。

第四是来自社会团体的帮助和支持。感谢王其和太极拳北京传习所和读书会的李剑方老师及其团队，李剑方师傅为了让我更好地体悟中国优秀传统文化对强身健体的作用、身国同构的道家思想理念，利用休息时间为我亲授王其和太极拳十三式，并督促我每日习拳，使我保持身心健康，对解读《道德经》也助益颇多。感谢广州市益路同行慈善基金会的志愿者们：王培珠老师购买不同版本的《道德经》供我参考；黄书博士不仅提出许多修改建议，还为我斟文酌字审校全稿；夏修龙院长为我提供许多资讯。感谢北京大学医学部的博士后（博澜阁）同事程晓英、郑兰斌、魏潇凡、宋颂、彭智、黄旸木、冯芝恩、石连杰、李凤娟、于江泳、何莉、李帅、朱敬先、蔡宇、李蒙等对我的关心关照，尤其感谢魏潇凡老师。感谢丹道与养生文化研究院雅聚中与史原朋、黄胜得、董巍、李克、吴信勤、朱成林、倪木兰、汪树新、李宝金等老师的高质量交流。也感谢河南平顶山老子专委会、阜阳老子文化研究会、玉丹仙谷道文化（惠东）等机构负责人在我写作过程中给予的建议。

初稿完成之后的2024年下半年，我参加了很多学术研讨会，感谢会上同行专家学者们给我的书稿反馈和建议。9月8日参加鹅湖书院《中庸明意》研讨会，10月10日在兰陵荀子研讨会，让我对儒道互通有了新的理解；10月14日在贵州贵阳孔学堂参观学习，我对王阳明的居夷处困有了深入体会。10月16日在朱子故里福建尤溪参加朱子894周年祭奠活动暨第三届考亭论坛，我发言的题目是《朱子学法语翻译和传播现状与挑战》。在这次研讨会期间，我与陈来、朱杰人、戴鹤白（法国）、朱向、朱清、杨柱才、程水龙等老师交流中国文化的国际传播策略。10月25日，受陈大明老师邀请参加河南鹿邑老子元典文化论坛，在主旨报告中，我将《道德经解意》写作过程中思考的问题做了分享，与王中江、宋涛、孟庆楠、孙明君、李健、李庆安、高秀昌、郭武等老师交流，受益良多。10月31日，我在韩国济州岛老子艺术馆，与老子书院负责人刘海荣老师交流《道德经解意》的内容和出版后的传播等。12月27日，在山东曲阜参加"即凡即圣——论语意象精微素描作品展及研讨会"，与尼山世界儒学中心、中央美术学院、孔子研究院、孟子研究院、曲阜师范大学、曲阜市洙泗文化传承中心等老师跨界交流中华优秀传统文化的传播策略。12月28日，参加第八届老子论坛，陈霞、吕锡琛、谢清果、张丰乾、郭小武、张丽娟、刘康乐、裴健智等老师的报告为我从生命道学的角度解读《道德经》提供了帮助。

最后，家人厚重的亲情是我最坚实的后盾，也是我前行的动力。感恩亲朋好友浓浓的亲情和友情、支持与陪伴，让我的人生旅途更加精彩。每一次际遇，每一份支持，都让我倍感温暖，感谢张维薇、黄晚晴、张玲、胡帆、崔俊强、刘家恩、马忠华、彭勇军、张一春、邹冬芳、张巧琳、张建芳、杨宇婷、张玉华……感谢华夏出版社陈振宇社长、张平和黄欣老师付出的辛劳，帮助小书得以顺利出版。

今天，中华优秀传统文化正大踏步走向世界舞台的中央，《庄子·天下》云："圣有所生，王有所成，皆原于一。"以道家哲学精神为原点的新道学文化，可为人类命运共同体价值体系提供坚实的元典基石。中国式现代化的中国方式，也是中华优秀传统文化伟大复兴的世界方式。

在哲学的路上，我还在蹒跚学步，慢慢成长，希望自己能够享受哲学智慧，健康快乐地度过余生，像庄子一样摆脱世俗束缚和偏见，超越物质世界的限制，追求真正的精神自由和真理，实现精神上的解脱和自在。写到这里，跨年的钟声正在敲响，旦复旦兮，日月光华，向阳而生，惟道是从。

2025年元旦于北京